秦似
百年诞辰
纪念文集

广西壮族自治区桂林图书馆 编

QIN SI BAINIAN DANCHEN JINIAN WENJI

广西人民出版社

图书在版编目（CIP）数据

秦似百年诞辰纪念文集 / 广西壮族自治区桂林图书馆编 . —
南宁：广西人民出版社，2019.7
ISBN 978-7-219-10860-4

Ⅰ . ①秦⋯　Ⅱ . ①广⋯　Ⅲ . ①秦似（1917—1986）—纪
念文集　Ⅳ . ① K825.5-53

中国版本图书馆 CIP 数据核字（2019）第 154458 号

责任编辑　覃结玲
责任校对　韦　筱
封面设计　翁襄媛
责任排版　潘艳营

出版发行　广西人民出版社
社　　址　广西南宁市桂春路 6 号
邮　　编　530021
印　　刷　广西雅图盛印务有限公司
开　　本　787mm×1092mm　1 / 16
印　　张　13.5
字　　数　210 千字
版　　次　2019 年 7 月　第 1 版
印　　次　2019 年 7 月　第 1 次印刷
书　　号　ISBN 978-7-219-10860-4
定　　价　32.00 元

前　言

　　秦似（1917—1986），原名王缉和，广西博白人，是著名语言学家王力先生的长子。秦似才识卓荦，集作家、诗人、学者、编辑、翻译家、戏剧家于一身，著述丰富，成就斐然。他在桂林及香港参与主编的《野草》刊物，曾是20世纪40年代中国杂文界的一面旗帜，在中国现代杂文史上占有重要地位。他一生撰写了大量的杂文、散文，有对黑暗的深刻揭露，也有对时弊的有力鞭挞，激浊扬清，笔调犀利，不少篇章成为经典的传世之作。他还创作了许多诗词和剧本，获得了众多读者的喜爱。此外，秦似在学术研究方面也有相当的造诣。他对中国古典文学特别是唐诗有较深的研究，所撰《两间居诗词丛话》发微探幽，议论精辟，受到学界的重视。他在汉语语言音韵研究方面也取得了可观的成果，编著有《现代诗韵》《汉语词族研究》等。

　　秦似一生与桂林结缘，对桂林有着非常深厚的感情。1940年，他首次以"秦似"为笔名在桂林的《救亡日报》上发表杂文《作家二例——谈佛烈达屋地利与赛珍珠》，得到《救亡日报》总编辑夏衍的赏识，并受邀来到西南大后方的抗战文化城桂林，此后秦似在杂文的创作上便一发不可收。20多岁意气风发的秦似，在夏衍、聂绀弩等一众干将的提携和支持下，积极投身抗战文化运动，在桂林从事抗战文艺工作并广泛开展各类社会活动，开始在文艺界崭露头角并逐渐占有一定地位，为民族的抗战事业作出了重要的贡献，也为自己的人生写下了浓墨重彩的一笔。1959 年，秦似调至广西师范学院（今广西师范大学）任教，担任中文系副主任，并分在古典文学教研室，开启了他在桂林的第二段重要的人生历程。1973 年，秦似调往南宁，到广西大学中文系任副主任。此后，秦似虽离开了桂林，却一直十分关心记挂着桂林，不但时常亲自到桂林参加各种学术活动和社会活动，还创作发表了许多关于桂林的诗词和文章。1986 年秦似去世，但他与桂林的情谊并没有因此终结，而是在他的家人身上得到了继承和延续，他们先后三次向广西桂林图书馆捐赠秦似的藏书。秦似的女儿王小莘教授曾在信函中表示："我们对桂林图书馆一贯怀有好感，对桂林这个我父母生活战斗过多年的地方难以忘怀。"

广西桂林图书馆是我国建馆最早的省级公共图书馆之一，多年来一直十分重视广西地方文献的收集、整理和保存，形成了极具特色的系统性的地方文献馆藏资源，并向社会各界提供广西地方文献的借阅和参考咨询服务，地方文献工作取得了显著的成绩，也得到了各级政府、社会团体、专家学者和读者的肯定和赞扬，被誉为"八桂学人之家"。广西桂林图书馆在开展地方文献工作的过程中，尤其关注广西的文化名人和专家学者，十分注意与他们及其家人保持良好的关系，既为他们的创作和研究所需的文献材料提供必要的支持，也会尽力争取他们著述和藏书的捐赠，还会在条件成熟的情况下联合开展一些学术研讨、纪念、展览等活动，形成持续的良性互动。

2017 年 10 月 15 日是秦似先生的百年诞辰，广西桂林图书馆为此特意举办了专题展览、纪念座谈会、学术研讨会等一系列活动，来缅怀和纪念这位先哲。希望通过这次纪念活动，大家能从多个方面更直观更深入地了解这位前辈，更好地继承发扬他的学术成果和思想精神。在这次纪念活动中，我们还征集到了秦似先生的亲属、门生、朋友及研究秦似的相关专家学者的回忆文章和研究论文 20 余篇，特辑为纪念文集出版，以慰逝者，以存故实，以启后来。

目录
contents

抚今追昔

学养评说

中国不但是诗之国，
也是戏之国[①]

秦 似

　　这次的两粤戏曲史讨论会，集中了几十位粤剧、
邕剧的艺人，两个省区的戏曲工作者，探讨粤剧、邕
剧的历史源流，对两粤戏曲的发展前途问题也交换了
意见。刚从澳大利亚归来的粤剧名演员罗品超、林小
群同志，还及时赶到南宁参加了讨论会，并作了观摩
演出，这是一件很有意义的事。

　　我从小爱看戏，我是桂南人，看的就是粤剧和邕
剧。戏曲给我以艺术的享受，还使我知道与中国的历
史、文化有关的许多东西，我对许多天才的艺人，和

---

　　① 该文原载广西艺术研究所 1986 年 8 月所编《两广粤剧邕剧历
史讨论会论文集》第 88 页至 96 页，应秦似女婿吴智棠先生之请，特将
该文收入本书，有改动。《两广粤剧邕剧历史讨论会论文集》书末载有
广西艺术研究所顾乐真所撰《编后语》，其中有一段文字记载了秦似该
文的由来："这次讨论会共收到学术论文十六篇。会后又收到云南的顾
峰、广西的秦似、曾宁及杨荫亭的来稿，于此一并收入。特别要说明的
是广西著名作家、教授、广西政协副主席、广西文联副主席秦似同志不
幸于 1986 年 7 月 10 日病逝。这是他生前最后一篇文章。4 月 3 日，即
秦似同志因王力教授病重赴京探望前夕给我的一封信中，说明了这是他
在讨论会上两次发言的综合，并在整理过程中作了一些补充。我们谨发
表此稿，以表示对秦似同志的悼念。"

不知名的戏本作者，都抱着景仰。尽管在旧社会，艺人社会地位很低，他们中还有的人沾染上这样那样不良的习惯，但对于他们舞台上的艺术，我仍然怀着赞赏的心情去欣赏。

我青年时代，在当时的抗日期间的文化城桂林从事文艺工作，接触到的剧种更多了。由于同田汉同志住在一起，便经常同他去看戏。京剧、桂剧，都看过，而看得最多的，那段时间里倒是湘剧。田汉同志虽是对戏剧普遍爱好，但由于他是湖南人，对湘剧的感情和爱好似乎特别强烈。我陪他去看过上百个湘剧的剧目（包括折子戏）。那时欧阳予倩正在同桂剧团合作，进行桂剧改革，田汉对此不大插手，但每逢桂剧团排新戏，我们也去看。粤剧团也经常到桂林演出，有一次，田汉同志在一个小馆子请马师曾、红线女吃饭，叫我去作陪。马师曾主要谈了他从外国归来，在广州演出，有一段时间观众对他很冷淡，他也悲观失望了。后来，他下决心在剧本、唱腔、做派、舞台装置等多方面进行大胆的改革，获得了很大的成功。1944 年上半年，桂林举办了盛大的"西南剧展"，主要由田汉、欧阳予倩领导，我也做了一些跑腿的工作。我对地方戏的了解和爱好，又进一步加深了。

1948 年，我在香港，那时已临近全国解放，我写了一篇关于粤剧的长文，发表在《华商报》上，提出了我对粤剧的改革和发展的一些希望。

中华人民共和国成立后，我回到广西，分配在党委统战部门工作。我几乎把一切业余的时间，都用于同当时南宁的京剧、粤剧、邕剧的艺人接触，并且为京剧写了《牛郎织女传》，后来桂林的桂剧团也演了这个剧本，为粤剧写了以过去压迫艺人的恶霸受到清算镇压为题材的《翻身雪恨快人心》，这两个戏都连演二十场以上。当时有一些人把地方戏和艺人看作"封建文化的代表""旧东西"，都以远离为妙，我去接近他们，鼓励他们，当然就显得十分"出格"了，不久，也就受了批判。那是借批判《武训传》之风来批判我的，来势自然凶猛；其实，《武训传》与《牛郎织女传》除一个"传"字相同之外，实在风马牛不相及。我并不因此放弃对地方戏的工作，建议成立广西戏曲改革委员会，把京剧界前辈冯玉昆、桂剧界前辈黄淑良安排到会里任专职常务理事，粤剧界的老前辈金枝叶，则出任戏曲会直接领导的一个粤剧团团长。戏改工作终于获得了领导的关怀与支持，在戏改会成立后，便组建了"广西桂剧艺术团"并由我兼任这个团的团长；政府拨款建造了桂剧院（南宁头一间新建的戏院），不久，又建了邕剧院。

1956 年，文化部拨了专款，要抢救戏曲遗产在广西文化局和广西戏曲改革委员会共同努力下，通过集中老艺人作观摩演出，广泛征集资料，深入调查研究，派定专人记录整理等措施，终于把桂剧、邕剧百分之九十以上的传统剧目根据老艺人的口述记录了下来，并对口传的异同和错别字作了初步的订正。我还写了一篇《前记》，后来印了一千部。在一次两粤戏曲史讨论会上，香港来的戏曲史专家余慕云先生还特别提到这套书，认为给他提供了不少研究的方便，可见这一个抢救工作还是为戏曲史保存下来了一大批第一手的资料。可惜经过"文革"的查抄，现存的恐怕不到十部完整的了。我建议，广西戏曲史编辑部应考虑重印这一套书。要是让其湮没，则实在对不起这两个剧种和曾经热心贡献过力量的艺人同志们。而且，将是无法补偿的损失，因为现在再要调查，大部分老艺人都已去世，已是不可能的事了。

以上，我从自己接触到的角度，讲了一些与两粤戏曲史有关的事情。

这次讨论会要着重讨论的，是粤剧、邕剧的历史源流及其相互关系的问题。会上大家各抒己见，十分热烈。我也来谈一点个人的看法。

粤剧形成于明末清初，大概是较合理的。从皮黄戏的兴起，及其发展的过程看，华南一些大的剧种，应该都是在差不多的时候形成的。据湘剧、桂剧等的有关资料，它们的历史最早限度是推到明万历年间（桂剧可能略晚于这个时间）。广东向来是经济文化比较发达的地区，广州自唐宋以来一直是重要的对外口岸，加以文人荟萃，因此广州戏（粤剧）的形成不可能太迟。应是在明万历到清初这一段时间。至于更确凿的年代，由于文献不足，恐怕是难以确定的。说到邕剧，现有资料所说的形成时间，也是明末清初。并有湖南人来广西教戏的传说资料。粤剧（这里指的是三四十年前的粤剧，即所谓古老粤剧）和邕剧，有许多共同之处，其中一个共同之处，就是都用官话道白。这两个剧种流行的地区，都属于粤语地区，为什么却要用官话道白呢？原因之一，可能为了适应官场堂会的需要，但最主要的原因，我看还是由师承关系而来。也就是说，正如所传湖南人来广西教戏一样，湖南人、湖北人或安徽人，也很可能到广东教戏，这是符合皮黄戏由北而南发展下来的规律的。我们知道，汉剧、湘剧、桂剧、常德戏、祁阳戏、粤剧、邕剧，从皮黄戏系统来说，应该说都同其源流。至于其中某一剧种保留了一些昆腔，某一剧种保留了弋阳腔，那也并不奇怪。因为以皮黄系为主的剧种，并不排除吸收一些历史上很有过影响的腔调。因此，我以为粤剧的舞台语言的变化是：官话为主→半官半粤→粤语为主。至于说到许多粤讴，如木鱼、南音、龙舟、咸水歌之类，也必然要进入粤剧，成为粤剧声腔体系的一部分，这正是粤剧结合地方特点的需要；但主腔还是皮黄，即梆黄。我们也不否认这么个假定，即在皮黄系统传入之前，广东已先有以粤讴、粤语为主的戏，但即使有，也属于地方小戏的类型。只有以皮黄为主之后，才形成地方大戏。

粤剧先发源于广州，这应是无可争论的。但它的传播和发展，十分迅速，不但很快在全广东流行，而且流行到海外粤侨集中的地方。那么，作为粤语系统地区的广西南部（也包括部分壮族地区），当然很快也就成了粤剧区。也就是说，把粤剧作为自己的地方戏。广西组织起粤剧班来，至少也已有一百多年的历史，甚至更长。广东的艺人频频来广西教戏，广西的名演员也有过名振广东的事实。直到近年，梧州市粤剧团到广州公演《女驸马》，也颇为轰动。因此，粤剧的大本营虽在广东，但粤剧实际是两粤之剧，它同时也是广西的地方戏的一种。广西的汉语分为两大系统，柳州以北，属官话系统，柳州以南，属粤语系统（此外还有少量客家话地区穿插其间，也是爱看粤剧的）。因此，广西的地方戏，应该说主要有桂剧、粤剧和邕剧。由于粤剧又名"广东戏"，人们往往不承认它也是广西的地方戏，不承认它是两粤之剧，但根据历史事实和现实状况，我们认为应承认它是"两粤之剧"。它既是广东的地方戏，也是广西的地方戏。

粤剧的一支，便是下四府班。下四府班也是粤剧，这应该不成问题。而下四府班又与邕剧基本相同，演员可以合班演出。因此，在我们研究粤剧与邕剧的关系时，下四府班便可作为一个中间纽带。下四府班和邕剧，在四五十年前与粤剧的接近程度大概是十分密切的。但粤剧在三四十年来不断有所发展与演变，如行当方面，由过去包括公脚、小武、小生、大花面、二花面、三花面等二十多个行当，变为所谓"六柱制"，生角由文武生总揽重头戏；剧目方面，粤剧为了适应商业化，层出不穷，而许多传统剧目反而渐渐处于极少演出的地位，这样粤剧与下四府班和邕剧的差别，才越来越大了。尽管如此，我们并不难找到它们之间的血缘近亲的关系。比如，上面提到，它们都使用官话（而且发音几乎完全相同）道白，都有许多共同的排场（如杀忠奸妻、封相、跳加官、点状等等），共同的音乐。其中尤其值得注意的，比如"哭相思"这个牌子，全国各剧种都没有，而在粤剧、邕剧中则是一样的，并且常常要用到。总之，共同的方面很多。剧目，邕剧与古老粤剧也有许多是相同的。当然，这里也还有些问题值得研究，如邕剧（包括下四府班）没有文武生，大部分正本戏由小武担纲，而小武的主要演技，是跳椅（从一二丈地外跑步跳到用棉絮捆垫过的椅子上，要转身恰好坐在上面）、过山（用十多张桌子搭成山形，小武常要背着旦角踏着慢步，像登山一样越过去），还有《栏马过关》中类似京剧武丑的一些技巧，这是今天的粤剧所没有的。又如正旦，经常要用散发这种很吃力的表演，这也是今天的粤剧所没有的。但是，这些表演程式或技术，是否古老粤剧都没有呢？我请教罗品超同志，他说，跳椅在粤剧中是有过的。我怀疑，散发也是有过的。因为这在京剧、越剧中都有。只有对上述各方面作更深入的调查研究，才能比较有把握地弄清粤剧与邕剧的关系。我现在只能说二者有血缘近亲的关系，但大家经过进一步的研究，也有可能得出二者同属一个剧种的论断。上面说到有湖南人来广西教过戏，并非就能完全排除粤剧和邕剧同是一个剧种。因为对于剧种的形成来说，方言这个因素占有着主要的地位。粤剧和邕剧既同流行于粤语地区，即使最初的师承略有不同，但经过长期的渗透、融合的过程，是会合流或基本合流的。何况师承问题还很复杂，还未能确证去不同。

在戏曲史研究上，我认为必须重视中华人民共和国成立以来的历史。中华人民共和国成立至今已三十七年了，这三十七年是在党的领导下走过来的，更不容忽视。明末清初的事情，许多由于文献无征，是难于完全弄清楚的；这三十多年的事情，是我们所目睹，所亲身经历的。把这一段历史写清楚，正是我们这一代人义不容辞的责任。要不然的话，过几十年，后人对于这段历史，也正如我们对于明末清初的情况一样，会弄不清的。三十多年中，各个剧种进行了许多改革的工作，涌现出一批新的人才，产生了一大批优秀的剧目。我们搞戏曲史，既要稽古，更要察今。

我们研究戏曲史，绝不仅仅为了保存史料，还为了批判继承，发展我国的戏曲事业。从世界戏剧史看，比诸欧洲，我国戏剧的出现要迟一千多年，但是，自从南北曲时代以来，我国戏曲形式的戏剧，却发展得异常迅速，当欧洲还处于中世纪的文化停顿时期，我国的戏曲却在突飞猛进，遍地开花。这一个情况，是世界上任何国家所未有的。我国的地方戏有数百种，真是百花争艳，众葩竞芳。我们不仅有过关汉卿、王实甫、汤显祖这样的伟大戏剧作家，还有过许多没有留下名字的"莎士比亚"。至于演员，更是人才辈出，他们在表演上精益求精，从而形成了有我国独特民族风格的舞台表演艺术。到了今天，世界越来越认识到中国戏曲艺术是一种十分高超卓越的艺术，是经过千锤百炼的，而又富于天才创造的艺术。这绝不是偶然的。

我国的戏曲在其发展过程中，一直是植根于广大人民，服务于广大人民的。中国过去是个文盲众多的国家，可是，各种地方戏对于广大农民，不但提供了艺术欣赏与娱乐，还使他们得到了一些历史文化的知识，受到爱国主义思想的熏陶。广大农民有自己的戏看，这个情况，也是全世界其他国家所无的。1979 年我到欧洲访问，接触到一位西方的外交官，他对我说，他在西安看见上千农民站着看戏，他感到十分惊异，因为农民（而且是这么多农民）看戏，这在欧洲是不可思议的。后来，我又向一位农民出身的老太婆了解，我问她看过戏吗？她说只看过马戏。我问她在她的国家里有为农民演出的戏吗？她摇摇头。怪不得那位外交官对于中国农民有戏看、会看戏，感到那么诧异。我们向来说中国是诗之国，其实，中国也是戏之国，是戏的普及程度最高、戏的品种最多、戏的内容最丰富多样的国家。

"文革"十年，也是地方戏受到摧残的十年，使得一些青年人眼睛只往外国看，似乎我们自己的一切都不如人。因而，也就产生了一种颇为流行的所谓"中国戏曲势必衰亡"论。在这次讨论会中，也论及这个问题，认为这种"理论"是经不起辩论的。因为持这种论调的人，说来说去，无非是戏曲已不适应时代了，当今时代生活节奏是快的，戏曲赶不上了。试问，戏曲不适应时代，那什么才适应时代呢？难道只有打斗片、时代曲、迪斯科舞才适应时代吗？难道这些（虽然我们也承认它们是艺术的品种）就可以代替有好几百年历史，为广大人民群众所喜闻乐见的、有高度艺术价值的广大地方戏吗？说到生活节奏，它与艺术节奏不应画等号。戏曲当然应该也必须随着时代的前进而不断改革和创新，但绝非时代生活节奏快，一切艺术都必须只能采取快节奏。如果这个"理论"能成立，那么，再过一百年，唱歌的拍子就应该是一百分之一拍，不能再唱四分之一拍了。相反，我以为，即使再过一千年，音乐、表演、舞蹈等的节奏，仍然既有慢板慢拍，也有快板快拍。如果光有快板，那不十分单调吗？我们的京剧、粤剧以及其他的地方戏，在纽约、东京、伦敦、巴黎，都非常受欢迎，难道那些地方的生活节奏不更快吗？

中国戏曲不但不会灭亡，不应灭亡，而且还须善于继承它长期间积累下来的一切好的艺术成果和艺术创造的经验，发扬自己的优势，向别人取长补短，大力培育新一代人才，深入地研究和不断地探索，找到最适合的革新的道路（绝不是放弃民族形式，而是发展它），使中国作为戏之国的传统得到光大和发扬。

抚今追昔忆秦似

——纪念秦似百年诞辰

魏华龄①

　　秦似，我国现代著名作家、教授，也是桂林文化城的历史见证人。2017 年是秦似百年诞辰，桂林抗战文化研究会举行纪念活动，我因行动不便，未能亲自参加，有点遗憾，特以此文表达我对秦似的深切怀念和崇敬之情。

　　早在 20 世纪 40 年代初，秦似就已登上桂林文坛，主持《野草》编务。我当时正在桂林师范学院读书，从《野草》刊物上知道有个秦似，但一直未有晤面。20 世纪 60 年代初，我到了文化部门工作。由于我是从抗战时期走过来的人，曾经受过抗战文化的哺育，特别是受到先进文化的启蒙，因此对桂林文化城有着一种特殊的感情。在工作之余，我很想进一步了解桂林文化城的情况，收集桂林文化城的有关资料。恰巧，我接受了一项与桂林文化城有关的写作任务，特地到叠彩山下秦似的住所去拜访，向他请教。大概由于都

---

　　① 魏华龄：桂林市政协原副主席，广西抗战文化研究会、桂林抗战文化研究会名誉会长。

和桂林文化城结缘之故，秦似热情地接待了我，和我作了一次长谈，谈到他也正在收集桂林文化城的资料。不久，"文革"开始，彼此失去了联系。20 世纪80 年代初，我开始写《桂林文化城史话》（简称《史话》），1983 年完成了初稿。1984 年是"西南剧展"40 周年，由中国戏剧家协会、广西壮族自治区文化局、中国剧协广西分会主办的纪念"西南剧展"40 周年座谈会于 3 月下旬在桂林举行，秦似同我都作为特邀代表出席了这次会议，我们又重逢。会议快结束时，我捧着 15 万字的《史话》原稿到他下榻的榕湖饭店房间，请他对书稿进行审阅并为《史话》作序。他很客气，说书稿可以看一看，也很愿意做《史话》的第一位读者，至于作序，实在不敢当，说自己还很年轻，他建议还是请更适合的前辈来写。座谈会结束后，他把书稿带回南宁，挤时间作了认真审阅，8 月 9 日，他将书稿挂号寄回给我，并给我写了回信，他说：

> 断断续续看完了《桂林文化城史话》稿，觉得这是迄今为止我所见到的较全面有系统论述桂林文化城的著作。书中记载的事迹颇翔实，提到的人也较全面，各界应提到的人大致上都提到了，提法也颇能做到分寸适合。因此，这本书的出版，将大大有助于使人了解桂林文化城（1937—1944）的概貌，保存了许多重要的史实和资料，对研究现代文学史和研究桂林文化史都将是一个重要贡献。

秦似还对《史话》中若干与事实有出入的地方，认真地提出了近 30 条修改、订正和补充意见，一共写了 6 页稿纸，附在信后。我将书稿向好几位当年在桂林文化城战斗过的前辈征求意见，这是回复得最认真的一位，从而使书稿在史实上的差错减少到最低限度，我由衷地感激。更重要的是他建议加写一章，把"西南剧展"后桂林的文化界扩大动员抗战宣传周、国旗献金大游行以及桂林文化界抗战工作队等活动作为最后一章，这样"更能集中反映桂林进步文化界坚持到底的精神"。这是初稿中欠考虑的，我认为这个意见很好，就完全采纳了。接着我在国庆节前赶写了第 11 章"文化城的尾声"（后改为"文化城的最后一战"），连同后记一并寄去南宁请他过目。至于序文，我同广西人民出版社负责《史话》的责编商量，一致认为，还是秦似教授来写比较适宜，一则他是桂林文化城的知名作家，对文化城这段历史最有发言权；二则他对书稿从头到尾作了认真审阅。于是决定由我再次去信请秦似作序，他最后还是接受了。1985 年 1 月 6 日他来信说：

> 你寄来的补充章节及后记都拜读了，没有什么意见，序文由我来写，本来不很适合，但由于你多次相邀，只好写了。请你看看是否适合，然后由你转寄出版社。倘有什么修改意见，可以毫不客气示知。
> 因我住了一个多月医院，许多事都受到一些耽搁，请谅。

我接到来信和序文，心里感到非常内疚，因为这本小书，给他增添了额外负担，使他在病中不能很好休息。从序文的字里行间，我们可以看到，秦似对桂林文化城抱有一种特殊的感情，他说：

> 现在回过头来，又将过去半个世纪了。桂林文化城这一段历史，对今天的许多青年人已是陌生得很的事情。但是，我们不能忘记，今天五六十岁的人，不少曾在不同程度上受到过桂林文化城的影响；我们更不能忘记，桂林文化城对于在抗日大后方宣传抗日，宣传团结进步，宣传中国的历史必由之路曾作出过巨大的贡献。桂林文化城这一段历史，同中国现代革命史、中国现代思想文化史、中国现代文学史都是紧密相关，有着多方面的联系的，是占有一定的历史地位的。

秦似的这一段话，对桂林文化城的文化内涵、历史地位和作用作了客观的、实事求是的评价。接着他又指出：

> 可惜的是，对于桂林文化城历史资料的收集、整理和研究工作，

还很赶不上客观上的要求。我曾经看到过一些国外学者的来信，对于桂林文化城历史资料的搜集表示十分关心，他们很需要这方面的研究材料，可是得不到。前些年有些大专院校编写的《现代文学史》，由于缺乏历史资料，对桂林文化城的章节只能写得十分简陋。这说明了收集、整理和研究桂林文化城的历史资料有着重要的意义，是一件迫切要做的工作。

……这本《史话》，正如作者自己所说，"对于桂林文化城的研究来说，仅仅是跨出了小小的一步，还有许多课题摆在面前，还有大量的工作要做"。而这大量的工作，就有待于更多的人的努力了。现在，有关方面正在筹备成立桂林文化城研究会之类的学术团体，我认为是很有必要的。……我希望作者在此基础上继续努力，不断开拓，作出更多的贡献。我们更期待着有更多的人关心、重视对桂林文化城历史资料的抢救工作，并开展更为系统、更为全面、更为深入的研究，这对于继承革命历史传统和建设社会主义精神文明，都将是有意义的。

组织起来，成立桂林文化城研究会之类的学术团体，有待于更多的人努力，开展更为系统、更为全面、更为深入的研究，继承革命历史传统和建设社会主义精神文明，这是秦似早在 1985 年就萌发了的一个心愿。遗憾的是他还来不及看到《桂林文化城史话》的正式出版和桂林抗战文化研究会的成立，就于 1986 年 7 月 10 日带着对桂林文化城的深深眷恋，带着对桂林抗战文化研究的殷切期盼，过早地离开了我们。

今天，值得告慰秦似的是，在自治区党委、桂林市委的重视和关心下，广西抗战文化研究会和桂林抗战文化研究会已先后成立，一个老、中、青结合的研究队伍已经形成并逐步壮大，一个有领导、有计划的研究工作正在开展。比较系统的研究成果《桂林抗战文学史》《桂林抗战艺术史》《广西抗战文化史》《桂林抗战文化史》等专著已先后出版；出版了学术论文汇编《桂林抗战文化研究文集》8 辑，300 多万字，《抗战文化研究》年刊共 11 辑，300 多万字；对抗战文化资料的收集、整理和出版，也做了大量的工作，总计上千万字。秦似钟爱的事业正在前进，他的遗愿正在逐步实现，倘若他九泉有知，定会感到非常高兴的。

一转眼桂林抗战文化研究已38年了，38年来，在大家的共同努力下，研究成果丰硕，有目共睹。但回过头来看，距离秦似在32年前的一个心愿和期盼，立下的"开展更为系统、更为全面、更为深入的研究"这一目标，还有不小的差距。我觉得，我们今天对桂林文化城的研究仍然侧重在文学艺术方面（当然这是必要的），而对于哲学社会科学方面的研究仍然是一个薄弱环节。秦似在《史话》序言中提道："我们更不能忘记，桂林文化城对于在抗日大后方宣传抗日，宣传团结进步，宣传中国的历史必由之路曾作出过巨大的贡献。"这"三个宣传"，就不仅是抗战文艺的贡献，其中也包括了哲学社会科学的贡献，如秦似在序中提到的"革命史"和"思想文化史"。更何况有些作用，不是文艺所能代替的，如同样是宣传抗日，毛泽东的《论持久战》是一部理论著作，要阐明持久战，批判"速胜论""亡国论"和"唯武器论"等错误思想观点，就少不了哲学社会科学这一批判武器；还有要阐明中国的历史必由之路，要树立共产主义的理想和信念，以及革命的人生观、世界观和价值观的确立，也离不开哲学社会科学。抗战时期，许多知识青年都是在马列主义、毛泽东思想的武装和优秀文艺作品的激励鼓舞下受到启迪，从而倾向进步，奔向抗日前线，走上革命道路的。

秦似提到的"三个宣传"和"三个更加"，据我的理解，是包括了哲学社会科学在内的。事实上，抗战时期对马列主义的中国化、大众化，以及毛泽东思想的传播，在桂林的历史上是空前的。所以秦似特别强调"我们更不能忘记""桂林文化城这一段历史，同中国现代革命史、中国现代思想文化史、中国现代文学史都是紧密相关"，是"占有一定的历史地位的"。这是他的亲身感受，也是他的期盼，是他所强调"更为全面"的一个方面。

另一方面，比如我们曾经编辑出版的《抗战时期文化名人在桂林》，为文化城前辈在桂林的文化活动立传，两辑共编入239人，现在看来，应当编入而没有编入的人物还有不少，和秦似期待的"更为全面"还有很大差距。依我看，至少还可以再写一二百人，续编《抗战时期文化名人在桂林》第三辑乃至第四辑。当然，这是一项艰巨的任务，要求我们把资料工作和研究工作做得"更为深入"。要继续做好这一工作，一方面要有一两位有识之士勇于担当，负责主编和组稿工作，另一方面，也正如秦似所指出的那样："我们更期待着有更多的人关心、重视对桂林文化城历史资料的抢救工作。"这也是秦似对我们的殷切期盼。

关于桂林文化城的研究，无论是对历史资料的抢救、挖掘和整理，还是论文或专著的写作，都面临一个"更为深入"的过程。在这样的情况下，我们的资料搜集整理工作、研究工作也更需要有理论的指导，要有一个正确的方向。党的十八大以来，习近平总书记强调要坚持历史唯物主义基本原理和辩证唯物主义世界观方法论，树立正确的历史观，不断增强辩证思维能力。这对于我们从事抗战文化研究和相关历史研究，有着重要的现实意义和指导意义。

2019 年，将是桂林抗战文化研究 40 周年，抚今追昔，我们更加怀念秦似同志，他是桂林抗战文化城的历史见证人，为我们的研究工作提出了明确的要求和努力方向。我们要不断推出新的研究成果，这是对秦似百年诞辰最好的纪念。

回忆秦似①

杨东甫②

假如恩师秦似先生还健在，那么 2007 年就是他的九十大寿之年，然而，现在却只能称为冥寿了！

1986 年先生仙去之时，我写了一篇悼念文字，题曰《如可赎兮，人百其身——痛悼恩师秦似先生》。彼时心情，唯可用题中之"痛"字表述：既为我失去引路人而痛，也为文坛、学术界失去一员健笔凌云成就卓著的老将而痛。

我不想用"著名作家""著名学者"这样的头衔指称先生。这当然不是因为先生不"著名"，而是因为"著名"一词在今日被用得比较随意，一些作者谁也不知道，却照样是"著名 XX"满天飞。我不愿意亵渎先生。

然而，谁也无法抹去先生在文学史、学术史上之名，因为谁也不能抹掉他在这些领域的贡献。至于这

---

① 作者按：这是 10 年前的一篇旧作，曾刊于《广西文史》。承蒙"秦似百年诞辰学术研讨会"组委会征稿，且太忙，且 10 年后之今日，对恩师的思念感激之情，仍如此文所述，迄未改变，故抄出奉上，稍作修改，供组委会选择。

② 杨东甫：广西师范学院文学院教授，研究方向为中国古典文学、广西地方文化。

名和贡献的大小，历史自有公论，学界也自有论评（如郭志刚等《中国现代文学史》、钱理群《现代文学三十年》等都对先生有过公允评价，但由于所论范围是中华人民共和国成立前，所以也只论及先生的杂文成就，不及其余），我没有资格作评价。我只是想在这篇小文里，从一个学生和助手的角度，对印象中的先生作一点零碎的回忆。

先生是音韵学家。他对音韵学很重视，曾告诫我："你要学好音韵学，否则你的研究到了一定高度就上不去了。"惭愧的是，我却至今未能把这门学问学好，辜负了先生的教导。这且不说。作为语言学泰斗王力先生的长子，先生在音韵学方面自有其家学渊源，但他并不以"兵家儿早识刀枪"自满，而在20世纪60年代负笈北大，再当为时一年的"老学生"，跟随其父学习音韵学，此时他早已蜚声文坛，当过文化局副局长且又年近知命。而他除了早晚趋庭请益之外，还常常和那些儿女辈的青年学生一起坐在教室里听王力先生授课。这让当时的北大中文系主任杨晦大为不解，对先生说："你忘记自己的身份了！"抗战时期先生主编《野草》杂志时，杨晦也是这份杂志的热心读者和投稿者之一，所以他觉得先生这"老学生"当得有点别扭。然而先生却毫不在意。

学成归来，先生在音韵学领域的第一项成绩，是20世纪70年代出版的《现代诗韵》。这是一部影响甚大的学术著作，它在继承《切韵》《平水韵》等传统诗韵的基础上，根据现代汉语语音特点对诗词用韵作了革新，建立了适合现代诗词创作运用的韵部系统。此书先后再版多次，发行近百万册，这在学术著作而言乃属稀有之列。当时，美国阿里逊那大学汉学家 T. 赖特教授撰文向海外介绍此书，称之为"一本代表了《切韵》光辉传统的最新韵书"，"是从1966年至1975年间，中国出版的有关语音史方面寥寥无几的研究成果之一"。

先生在音韵学领域的第二项重要研究，是《汉语词族研究》，这在当时是一个新课题，其核心就是以音韵为纽带作词汇学研究，即主要从语音入手探求词汇中声音与意义之间的关系群，从而在更深的层次上探讨词源和语源。这项研究已经初见成果，发表了十来篇论文，然而未竟全功，先生就已驾鹤西归。天不假年，又何言哉！而先生未竟之愿，又何止于此！我近时在网上偶见有某君写的一种同名著作《汉语词族研究》，不禁感慨，不知此君是否知道二十多年前此课题就已有秦似先生导先路。

而杂文，毫无疑问更是先生驰骋文坛扬名海内的重要领域。20 世纪 80 年代初，三联书店为中国现代杂文界十名左右一流大家出杂文选集，先生名列其中。他的文坛引路人是夏衍，而其成名文体就是杂文。抗战时他与夏衍、聂绀弩、孟超等同办《野草》杂文月刊，在大半时间里是他担任主编。这份杂志几乎可以称为抗战杂文的大本营，没有任何一种现代文学史著作会遗忘它。先生彼时年轻，不知疲倦而文思泉涌，作品滚滚而出且质量上乘。其杂文是苦学鲁迅而得其神髓的，他曾慨叹"生也晚"而未能亲聆鲁迅教诲，不过与他平生最称莫逆的聂绀弩正是鲁迅弟子中最得鲁迅衣钵的一位。郭志刚等《中国现代文学史》评价秦似曰："秦似是'野草'派中的杂文新秀，他朝气蓬勃，感觉敏锐，视野开阔，国际、国内风云，家庭、妇女问题无不涉笔，其杂文尖锐泼辣，锋芒毕露，热情奔放。"他先后出版的杂文集有《感觉的音响》《时恋集》《在岗位上》《没羽集》等多种。1949 年后三联书店出的《秦似杂文集》算是较好的一种选集，但是却杂有若干散文。

说到散文，先生的散文水平，其实不在其杂文之下。读他的散文，其风格很容易让人联想起鲁迅的《朝花夕拾》。他的散文《幼林》，20 世纪 80 年代选入人民教育出版社的统编中学语文教材。

先生出版过一部诗话著作《两间居诗词丛话》，但他的诸多诗词作品在他生前却未能正式结集出版，直到他去世后，我与师母、师姐整理出版五卷本《秦似文集》时才收了当时能找到的一些作品，可仍有许多遗漏。因为先生所到之处皆有题咏，然而他却从来都不留底稿。不要说短小的诗词，就是平生出版的众多集子，特别是"文革"之前出的，也几乎没有任何存书。当然，这一方面与"文革"之中被抄家有关，另一方面也看出他对"留名"一类事是并不热心的。而这也给后来我们搜集整理他的遗著带来很大困难，别的不说，他发表在《野草》等多种旧刊物上的大量文字，就几乎都是我从桂林图书馆、广西图书馆等处一字一字地抄下来的。那时没有复印机，那些旧杂志也很珍贵，图书馆不准借出，于是只能靠手抄。幸亏那时我年轻精力旺盛，要在今天可就吃不消了。

先生是真正的旧体诗词高手，这并非我个人的虚誉。香港《明报》曾发表一篇评论，称"秦似的旧体诗词，在当代中国至少是第一流的"。随笔抄录两首：

哭孟超

相交贫贱等轻尘，也共清流欲献芹。

桃李台中搔虱爪，马房背内揭竿文。

慧娘肝胆曾言我，似道机心终杀君。

八宝山前车马盛，当年谁是解铃人？

六十自嘲

平生自许游云梦，一觉方知坐瓮天。

功业已随流水去，春花空向故山燃。

长吟恨少鸡林贾，问道偏多野狐禅。

历尽人间奇劫后，更从何处赎华年！

这等灵动飞扬而内蕴深厚令人咀嚼不尽的妙作并不是仅仅靠熟悉平仄韵律就能写得出来的。

先生生前主编的最后一部著作是《唐诗新选》，这书并非简单地"选"，而是既有详尽的注释、解题，更有独树一帜的"辨析"栏，对唐诗研究中的一些疑难问题进行探讨。就是"选"方面也自有特色，如选入多位仅有孤篇传世的诗人的作品等。他拟定体例，选定篇目，令我和另外两位比我年长很多的教授撰写初稿，交他审阅，写出意见交我修改。因为我年轻，别的两位撰稿者又不在广西，所以此书的初稿撰写和根据先生的审稿意见改稿的工作，就由我承担大半了。我改好后再呈先生定稿。为此书他吃了很多苦头。当时他已年近古稀，身体又胖，邕城酷暑之时，尤为难耐。我每次去他的书房送稿或请益，常见他仅着背心短裤，挥汗劳作。有两次正与我谈话之时，他因某问题稍作思考，不到一分钟即鼾声大作，看着真是令我这后辈感动而惭愧，恨自己无能，不能为先生更多分忧。此书 1990 年由湖北人民出版社出版，95 万字，当时《读书导报》《新闻出版报》等都发表了题为《建国后最大的唐诗选出版》的消息。《人民日报》海外版也发表过卢斯飞先生的评论文章。可是，此时先生却已看不到了！我彼时唯有带着此书和我撰写出版的一册《秦似年谱》去先生家中的遗像前，焚书致祭，以慰英灵。

先生是个真正的文坛多面手，除了上述领域，他在文学翻译和戏剧创作方面也有很不俗的成就。他翻译出版的长篇小说和中短篇小说集等就有《人鼠之间》《三天》《少女与死神》《饥民们的橡树》《红色中国的挑战》等，都是 1949 年前的作品。戏剧创作则主要是 1949 年后的事。中华人民共和国成立初他回到广西，曾任广西戏剧改进委员会主任，后来任文化局副局长，并曾兼任广西传统剧目鉴定委员会主任和广西桂剧团团长，都与戏剧有直接关系。他的剧作有《冼夫人》《沈括》《玉观音》《牛郎织女传》及改编剧《秋江》《西厢记》《小二黑结婚》等。这些剧作大多上演过，其中《沈括》一作，珠江电影制片厂曾拟拍为电影，后因服装费过高而搁置。当年在编辑整理《秦似文集》时，其剧作及改编剧作品收集编入者也有不少，但后来出版社因考虑成本问题等，最终剔除未收。出版《秦似文集》的广西教育出版社，尤其是该社社长郑妙昌先生，是很有眼光和魄力的，他们出版这套五卷本的文集，为中国、为广西的文学事业作出了贡献。他们剔除文集中原收的译作和剧作，完全可以理解，不过我还是感觉十分遗憾。

还有一些事也不妨顺便谈谈，因为这些事他人未必都知道。

先生平生没有带过研究生，这在许多人看来是很奇怪的事情。"文革"之后，历尽磨难的先生在广西大学任中文系主任，20 世纪 80 年代初，该系开始招收少量研究生。那时不同现在，能招收研究生的大学不多，能选为研究生导师的学者更少。而以先生的资历水平，当时他自然是研究生导师的不二人选，然而他却始终未担任。我曾请教他其中原因，他说："我的时间不是很多了，还有更重要的事情要做，带研究生贡献不大，就算了吧。"他事情确实太多，虽然他后来辞去了中文系主任之职，却还有更多的社会职务，如广西政协副主席、广西文联副主席、中国文联委员等，再加上是文坛名家，各种会议应酬源源不绝。有时他亦以此为苦，向我抱怨能用于研究创作的时间太少。然而箭在弦上不得不发，先生直到去世依然操劳如故。

先生赴京探望其老父王力先生，并参加挚友聂绀弩先生葬礼，而王力先生又旋即去世，大约因刺激太大，深藏的恶疾发作，住进中日友谊医院，确诊为晚期癌症，已经不能手术治疗（开刀后旋又缝合）。我闻讯赶去探望侍候，但不到一星期先生就令我返邕。伤心欲绝而在先生面前强作镇定的师母，希望我能留下，以便有事时多个人手。先生不允，说："我已病了，杨东甫又待在这里，家中那么多工作谁做？"师母苦劝，先生当时正在吃饭，盛怒之下将餐具扔在地上，说："他不回去，我就回去！"无奈之下，我只得回来了。其实，在那里他也是需要我的，然而在他心目中，工作似乎比他自己更重要。那么，先生知道他的真实病情吗？大家当然都是瞒着他的，但我从他与我的私下谈话中能够看出，尽管他不知道具体的病情，但是他了解其严重性。以他的丰富阅历，以他的博学，要洞察这一点并非难事。然而他依旧以工作为重。这是我的亲身经历，不是文学创作。

先生和师母结婚 48 年，真正是同甘共苦伉俪情深。先生的去世，遭受最大打击者，当然是师母。此后近 20 年，她的悲伤一直未减，以至于大归前一两年时有幻觉，对我们说她知道秦先生未死，看见他了。然而其他方面老人家却又完全清醒。耄耋之人，思念太深，出现这种幻觉并不奇怪。师母于 2006 年以近九旬的高寿仙去，她终于又可与先生团聚了。

先生的为人，就我所见所知，可以用八个字概括：正直清廉，疾恶如仇。不必讳言，先生脾气较大性子较急。而这样的为人和性格，当然给他树敌不少，但他从来不想改变。

我于先生去世后，用了几年时间来从事《秦似文集》的收集、整理工作，以及《秦似年谱》的撰写出版、《回忆秦似同志》的编辑出版工作。先生文集的收集整理和后来的纪念文集的编辑，不是我一个人完成，还有师母和小莘师姐参与进来。但我是主要的"劳动力"，特别是《秦似文集》的收集、整理方面。因师母年迈，师姐又调入华南师范大学，不在南宁。（纪念文集是夏衍先生作序，收有林默涵、秦牧、周而复、骆宾基、公刘、端木蕻良、公盾、黄秋耘、冯英子等众多文坛名宿的悼文。我除了一篇悼念文章外，还有《秦似传略》和《秦似著译年表》两篇拙作也收入其中）这几种书籍都已正式出版。我自感总算尽到了作为先生"关门弟子"应尽的一点责任。

20 年前我在悼念先生的小文末尾曾写道："先生走了，我辈应怎样才能不辜负先生的教导培养呢？我茫茫然。但若有可能，我当继续努力。"可以告慰先生的是，20 年来，这个"继续努力"的决心，我是一直在履行着，到如今，也总算取得了一点点成绩：被评为享受国务院政府特殊津贴的专家，出版了二十多种书，其中有几种在中国相关学术领域还算有些影响，在高校里担任两个学科的学术带头人和研究生导师，如此之类。这些微不足道的成绩当然并没有什么了不得，之所以要提及，目的并非要自吹自炫，而是想给先生一个交代：我没有食言，我努力了，我没有辜负先生对我的期望，尽管我还做得不够。

先生去世时，我还是个青年人；如今，我也已年过知命。今后的事若何，没人说得清楚。但在这里，我仍如 20 年前一样，向先生的英灵保证：学生将继续努力！

缅怀著名作家秦似教授

杨益群①

　　秦似（1917—1986），现代作家、音韵学家。原名王缉和，笔名茹雯、思秩、余土根、令狐厚、徐曼、姜一、王砚新、杨步飞等。广西博白县人。1935年从事文学创作，主编香港《循环日报》的《文学》双月刊。抗战爆发后，从事抗日救亡工作，并在《文艺阵地》《救亡日报》上发表杂文、诗歌。1940年春由桂南抵桂林，积极投身桂林抗战文艺运动，任中华全国文艺界抗敌协会桂林分会理事，《野草》月刊、《文学译报》编辑。发表了大量杂文和翻译作品。著有杂文集《感觉的音响》（1941年桂林文献出版社出版）、《时恋集》（1943年桂林春草书店出版），翻译有中篇小说《人鼠之间》（美国史坦佩克著，1942年桂林《文学译报》连载）、短篇小说《居民们的橡树》（与庄寿慈合译，1942年桂林文献出版社出版）等。1944年秋，桂林沦陷前，离桂返老家参加桂南地下党领导的桂南敌后武装斗争。抗战胜利后赴香港恢复野草社，

---

　　① 杨益群：1942年生于广东省澄海县（今汕头市澄海区），深圳市社会科学院文化研究所原所长、研究员。

续出《野草》月刊。1986 年 7 月 10 日因患癌症不幸去世。生前任广西大学中文系教授、中国作家协会广西分会副主席、广西政协副主席等职。

"心事常怀属望君"

如果说，阳太阳是广西画界的泰斗，那么，秦似则应是广西文坛一哥。他在 20 世纪 40 年代便因撰写杂文并主编著名杂文刊物《野草》而久负盛名，中华人民共和国成立后，其杂文仍是光芒四射，八桂独秀。尤其是在 20 世纪 80 年代，他任广西大学中文系教授并创办了独树一帜的《语文园地》，又组建广西文学学会，被选为广西作协副主席和广西政协副主席。我当年在广西社科院从事桂林抗战文化研究，又是广西作协和文学学会会员，多次访问他并参加其主持的文学活动，自然与其相处甚洽，得益匪浅。胖墩墩的身材，不修边幅。声音洪若铜钟，直言快语。知识渊博，温厚热情，循循善诱。这就是他留给我的深刻印象。值秦似教授百年诞辰之际，特以拙作深切缅怀其昔日文坛上的烁烁风采，感恩其对我的谆谆教诲和亲切关爱！

我与秦似教授通信，始自 20 世纪 80 年代初。记得头次写信给他是 1981 年 5 月上旬，其时我正负责广西社科院《学术论坛》中的《文化城忆旧》专栏，我去信向他约稿并请教其笔名及有关作品。他即刻回复：

益群同志：

手书敬悉。桂林文坛回忆，我即使尚可写一点，但目前正忙，恐要等到下半年再看看。

承你为《语文园地》写稿，甚感。

承询及我在桂林《野草》上用的笔名，计有余土根、徐曼、曹尚沂、张筑、令狐厚、顾元等（记忆不全），译文则用茹雯。其中论争性的文章，我记得除《斩棘录》（大部分是我写的，有一二则是孟超写的）外，还有《还是旧调子》以及对张智先《老实话，风流话？》文后写的"曹尚沂按"。总之，那时思想斗争确乎相当剧烈的，文章多数已收入《没羽集》中（1958 年作家出版社版）。现在北京的人民出版社准备重新排印桂林、香港两个时期全部的《野草》，可能要明（年）春才能出版。对桂林时期，倘你感兴趣，系统地看看那些文章，是可以谈谈的。

倘你愿评论一下我的杂文，从这里入手是很适宜的。桂林时期是一个阶段。1946 年后，在香港写的又是一个阶段。解放后到"文革"前又是一个阶段。打倒"四人帮"后则是新的阶段。几个阶段大抵都同时事有关，也贯串着我自己的世界观、艺术观。

我的总集子《秦似杂文集》即将由三联书店出版，估计下月可能有书。到时一定送上，请你指正！

专此，谨候

著安！

秦　似　　5.30

不久之后，秦似给我送来刚出版的《秦似杂文集》，我认真研读之余，应《广西日报》邀约，撰写了《熠熠生辉　别具一格——读〈秦似杂文集〉》（载《广西日报》1982 年 4 月 21 日）。又花了将近两年时间，整理撰写了《秦似年谱》，送秦似钦定。不久，获其来信，内容如下：

益群同志：

送来的材料，我已看过。散篇的诗文，可能还有遗漏，但能收集到这个程度，已很不容易了。我这次编集子时，就有好几篇在你的资料目录上有，但我已遗忘了没收进去的。

上月我在广州，到中山图书馆去看点珍本书，遇到华南师院（或广州师院，或记不清了）一位教师，素不识面的，他走过来打招呼，并说："我年青时读过你的一篇文章，题目是《人的尊严》，印象一直很深刻，至今还记得。"但我也早忘了，没有收入。我记得似乎那是我把一些译文编成一个集子，交远方书店，书名为《人的尊严》，写了一序文，叫《人的尊严序》。可能这位先生看见的是这一篇文章，发表于何处，我也记不清了，后来这书没有出成，因桂林不久就沦陷了。可见，不少篇目漏去，是一件憾事，你能作一点"钩沉"的工作，我是万分感激的。

看目录，似乎你仅限于注意解放前的文章（包括译文、诗歌），解放后只列了几个剧本。解放后，我的杂文也分别见于香港《大公报》（解放初期）《广西日报》《新观察》《桂林日报》《人民文学》《广西文艺》《文汇月刊》……以至福建、广东、江西、武汉等地的报刊，要做个目录，也极不易。这次编集子，也肯定有不少的遗漏。不知你是否准备放在下一步进行？

我将于后天到成都参加中国语言学会年会，要月底才能回来，那时再联系吧。

匆复，谨祝

近安！

秦　似　10.3

按照秦似教授的指引，我又耗时数年，在我离开南宁抵深圳工作后两年，也即他仙逝两载后，终于整理好《秦似年谱》，其中抗战时期部分在《抗战文艺研究》1988年第2期上发表，以示纪念。

秦似教授外表似乎有点"威严寡言"，但接触久了，则深感他是个可以敞开心扉款款长谈，助人为乐，与人分忧的良师益友。1985年初，我所在的广西社会科学院正评职称，院职称办把我申报副研究员的资料送他鉴定，他虽很忙，但很快回复鉴定意见，在《广西社会科学院学术鉴定表》上写道：

《司马文森生平和文学活动》一书，材料翔实，观点正确，是研究现代作家司马文森不可多得的著述。

《艾芜在桂林的文学活动和成就》，对艾芜以抗战为内容的几部作品作出了评价，尤其难得的是对艾芜在文艺理论方面的贡献作了系统性的论述。这足以补文学史之不足。

其他有关桂林文化城的几篇论文，也都有较高的质量。杨益群同志多年以来积极搜集、认真研究有关桂林文化城的资料，从多方面进行了深入的论述。这是难能可贵的。事实上已成为国内研究桂林文化城的专家。

根据以上情况，我认为杨益群已达到副研究员的水平。

鉴定人：秦似
1985 年 3 月 15 日

秦似教授人缘极佳，又极重友情，与不少文坛老友，从烽烟连天的抗战时期，到国泰民安的 20 世纪 80 年代，都保持联系。为让我对此有更深入了解，秦似教授曾十分信任地将近期他们的部分来信借我一阅，计有茅盾、夏衍、骆宾基、周而复、聂绀弩、范用等的信件。研读之余，颇为他们的深情厚谊所感动。不久，他又来信：

益群同志：

近日想必很忙吧？

拿去复印的几封信，想早已印好，什么时候能把原件还我，甚念。

我将于 4 月 20 日（按：即 1985 年 4 月 20 日）左右赴广州转去香港参加一个会议，最好你能在 20 日以前来一谈。并将原件带来为盼。

匆祝

文安！

秦　似　4.3

接信后我即复印了这几封信，并登门亲手将信件悉数奉还，约好 4 月 28 日再在广州聚会。

1985 年 4 月 28、29 日两天，我如约到广州与秦似教授聚会，在一起的还有秦似的夫人陈翰新，其老友广州市优秀共产党员、原东江纵队成员、在香港长期从事党的地下工作的广州文联离休干部张子燮（1911—1988），还有其女婿广东省党校吴智棠教授，美籍华人黄洁玲女士（中新社美国中新文化社记者、中山大学中文系师兄麦启邻的太太）。大家欢聚一堂，茶余饭后促膝谈心，不亦乐乎。秦似教授意犹未尽，挥毫赠诗留念，诗曰：

> 近岁相交杨益群，
> 往来每觉性情真。
> 天南地北多离别，
> 心事常怀属望君。

1985 年 4 月 29 日在广州与益群同志相聚有赠。

秦　似　　1985.4.29

写毕，还在其名字上盖上了他的两枚精美印章。我喜出望外，连声道谢。然却无法料到，一年后我调离南宁到深圳工作，他则从南宁到京出席聂绀弩追悼会并探望病危的父亲王力，不幸病逝。不想此诗竟是他留给我的绝唱！而此诗后两句好像是冥冥之中的一种隐喻，"天南地北"似乎就是"阴阳相隔"！悲痛之余，我永远牢记他的嘱咐"心事常怀属望君"，秦似永远活在我心中！我绝不会中止对他的研究。到深圳后，除了完成《秦似年谱》外，我还有感而发写了《秦似与〈野草〉》（载《深圳特区报》1987 年 2 月 5 日）、《有感于夏衍寻找秦似》（载《深圳特区报》1992 年 9 月 18 日）。秦似夫人陈翰新看到我的头篇短文后，特来信说：

益群同志：

发表在特区报大作，我拜读了，我读一次就哭一次，太感动人了，秦老编《野草》时才 23 岁，正是他闪闪发光的时候。

秦老建国前的年谱，已脱稿了吗？还需要什么资料，请来信，我一定设法找到寄去给你。

你工作安排在什么单位？至为挂念。

敬祝

编安！

陈翰新　　4.14

一场"援救"秦似的活动

在我国战争年代，鉴于时局混乱和交通不便，文化界偶有发生某某被误传不幸牺牲或病逝的消息，有的甚至还为此举行追悼会。秦似便是其中突出一例。这缘起重庆《新华日报》的一则短讯。

1945 年 7 月 30 日，该报刊登了一条题为《秦似逝世》的消息，内容是："据作家何家槐自百色来信，前桂林《野草》杂志编者秦似，于去冬退出桂林后混乱中病逝。按：秦似是一位年轻的文化工作者，所作杂文和翻译甚多，本姓王，是复大教授王力先生的哲嗣。"

一石激起千层浪。消息一出，立即引来了秦似朋友们及其读者的关注，纷纷撰文写诗表示悼念。

首见报端的是署名高扬的《吹号者——为秦似夫妇之死而作》（载贵阳《力报》副刊《文艺新地》1945 年 8 月 28 日新 65 号）。原文如下：

我们的青年优秀作家，正人君子所厌恶的《野草》的编者——秦似先生以及他的夫人□翰英女士（按：应为陈翰新），在抗日战争和争取民主团结的道路上，倒下了！他们饮着自己骄傲的血酒，衔着最大的憎恨，吻着忠于人民大众的一颗赤诚的心，倒下了！他们是民主中国道路的人，他们不愿充当无声的中国的奴隶，不愿躲在时间的河流而静静地死去，不愿成为二十世纪中国活的木乃伊，为了迎接一个民主、自由、独立和富强的新中国，不惜奉献出他们的生命，站在战斗的祭坛上，喊破他们的喉咙，洒尽最后一滴血，支付了他们所能支付的。他们死得多么的朗爽、勇敢、光荣和骄傲。

是的，中国人多的是眼泪，廉价的也是眼泪。但是对于秦似夫妇的死，我们却没有眼泪，只有愤怒！

不用说，秦似夫妇的死，是他们战斗品格的崇高的表现，也就是中国知识分子的战斗品格的表现。中国知识分子继承并发扬了"五四"革命优良传统。这是建设民主的新中国的可靠保证。这是中国文化界的光荣，中国知识分子的光荣，中国人民大众的光荣。

摆在作为人民号手的中国知识分子面前的道路只有一条，即就是为人民服务的道路，也就是人民的道路。我们晓得只有在思想和行动结合，艺术和战斗结合，知识分子才能够和人民共同呼吸，打成一片，'拿头脑同情人家是容易的'（托尔斯泰），中国也不需要高踞在黄鹤楼上的知识分子。秦似夫妇走的就是战斗的道路，人民的道路，无疑的，这就是中国知识分子所要走的道路。

活得顽强，死得勇敢。秦似夫妇已经走在前面，我们还能犹豫不前吗？

著名诗人柳亚子风闻秦似夫妇去世的消息后，心急如焚，四处打听。在1945年8月20日给朋友的信中特地写道："报载秦似兄逝世消息，兄处有何详细报告？展示甚感也。"接着作诗悼念，写道：

迩冬书来言桂林燹后，秦似走归博白，与其夫人骈死乱军中，诗以哀之，九月四日作天涯惊恶（噩）耗，怀旧涕潸然。

烽火怜非命，干戈损盛年。

文章忧患始，伉俪死生缘。

留取高名在，还凭野草传。（《野草》为君主编之刊物。）①

接着，柳亚子又写了《再哭秦似一首，九月十六日作》：

横死怜秦似，乡亲忆绿珠。（迩冬言秦似博白人，绿珠之同乡也。）

文章憎命达，怀旧共嗟吁。（君在桂林屡乞余撰文在所编《野草》发表，后复辑为一卷，颜曰《怀旧集》，欲为余付梓而未果。）

健硕犹堪想，尸骸奈早枯。

李家村畔路，影事未模糊。（一九四三年耶诞前一夕，寿昌招游桂林之李家村，君与佛西、仲寅、安娥、端苓偕往。）②

当年10月3日柳亚子又特地在《致陈迩冬》信中提到："我已把哭秦似两诗，及为琴可所发的电稿，抄寄罗承勋，请他在《大公晚报》发表。"③可见柳亚子对秦似的不测是十分关注的。

与此同时，各地也都举行声援活动，如福建，张坦、赖丹、熊寒江在《抗战时期闽西南、北文艺运动的追忆》一文中便提到："一九四五年九月抗日战争胜利前夕，西南的文化中心城市——桂林发生'秦似出走事件'时，董秋芳曾用'新语学友联谊会'名义发出通电声援。"④（董秋芳，鲁迅学生，为福建《民主报》副刊《新语》主编）。据传昆明进步文艺界还为此举办吊唁秦似的追

① 柳亚子. 磨剑室诗词集［M］. 上海：上海人民出版社，1985：1312.
② 柳亚子. 磨剑室诗词集［M］. 上海：上海人民出版社，1985：1316.
③ 柳亚子. 柳亚子文集：书信辑录［M］. 上海：上海人民出版社，1985：317.
④ 张坦，赖丹，熊寒江. 抗战时期闽西南、北文艺运动的追忆［M］//中国作家协会福建分会，福建师范大学中文系. 福建新文学史料集刊：第一辑，1982：248.

悼会，秦似的父亲，著名语言学家王力与会并写诗悼念。

抗战期秦似在桂林的战友、著名作家司马文森，更利用其主编的刊物《文艺生活》，大声疾呼"援救秦似"，大造舆论。在《文艺生活》（光复版）第三号（1946年3月1日）开卷重要位置上发表了《秦似未死 现被囚广西狱中》消息，称：

> 去年柳州收复，听说秦似和他的太太在"桂南惨案"中被"清剿"而死，不久渝、昆等地报章什志，纷登追悼他的文字，大家都以为他真的死了。据最近重庆朋友接到他的太太陈翰新女士的来信说："秦似于去岁秋天桂林失守之际，从桂林回到博白，曾在博白教书，后被县政府逮捕，说他是'奸匪'，要枪毙他，如果他交不出十万元的话。后来因无确证，幸而未死，但至今仍拘禁未放……"可见秦似并未死，却以"奸匪"罪被捕了。
>
> 在蒋主席宣布四项自由，而国防最高委员会亦已颁布实行，政治协商会议又是圆满结束，民主政治即将施行的今天，全中国的人民，有权要求中央和地方当局，从速释放政治犯。尤其像秦似这些"没有确证"的"罪犯"，更应提前释放，才能符合蒋主席的四项诺言。

该刊同期还发表司马文森的文章《援救秦似》，作者以饱含感情的笔触写道：

> 桂林紧急疏散不久，我在柳州，若干秦似的行止，听到两个不同的说法。有一说他随张今铎到独山去做官了。另有一说，他并不到独山去，也不做官，他已到象县去教书了。不久，柳州局面也紧，我徒步走了四天，向融县撤退。
>
> 在桂北敌后，坚持武装抗敌工作时，我们经常的忆念着那些同自己一样留在广西敌后工作的文艺界朋友，秦似就是这些被我们关心着

的朋友中的一个。我们通过了许多关系，才打听到他在南路一带，干的也是和我们一样，武装工作。我们很兴奋，可是取不到联系。

敌人将近从桂东北溃退的时候，我从二区专员公署倪专员处得到南路"叛变"被剿灭消息，据说被捕和清剿的人物中，除了张炎外，还有秦似的名字。他死了，失败了，我们感到难过！

敌人投降，我被复员到柳州，听到关于秦似死的消息更多，甚至于在重庆报上，看见追悼他不幸牺牲的文章。那么，他是死定了，连追悼文章也有了。

可是，从南路来的一个朋友告诉我，秦似虽参加那儿起义工作，但并未被杀。他到哪儿去呢？随张炎夫人带了残部到某地去了。这个朋友可靠，他的话有十成可以相信，所以到了广州后，有人问到关于秦似的死，我表示了怀疑和保留的态度。最近，看到一段消息，和绀弩兄的文章，才知道秦似虽没有死，却早已在博白被捕，关在监牢里了。罪名并非参加"奸匪"的武装起义，而是因为他也写了点文章，和"奸匪"的文人大概也有点往来，所以必须被当作"奸匪"逮捕。

看到这一段消息，除了愤慨和痛心外，我说不出第二句话。南路的屠杀，差不多已成了多年来广西有名的杰作，甚至于连最高统治者，也摇头认为未免过火一点，在大兴屠杀之后，刽子手，尚不以为足，又兴了冤狱，囚禁文化人，勒索十万元，这是一种什么作风，我无法解释！

我不是在替秦似辩护，他是否是"奸匪"，我只问，即使他是所谓"奸匪"，这时又该怎样？蒋主席不是表示过给人民以四大自由，给各政党以公开合法地位，三万个政治犯不是闹着要被释放了吗？可是秦似为什么还要被关着，关在冤牢里，难道真的要十万元才肯放吗？

八年来，坚贞的文化工作者，被军阀官僚特务分子的欺凌压迫还不够吗？为什么在大解放日子已经到来，还要给他们在冤狱中受难！

我们表示对这个问题关切，我们号召全国文化界注意这个问题，我们提出，我们向大家呼号：

"从速援助秦似！"

不然，也许就有第二个羊枣出现！

该文同时发表于《新华日报》1946年3月27日副刊上。司马文森的文章发表后，在全国文艺界产生广泛的影响。紧接着，《新华日报》又于当年4月10日发表了史复《援救千千万万的"秦似"》，文章披露了更多秦似的真实情况，全文照录如下：

秦似死了，有人悼秦似，然而后来竟然证明他未死。

秦似被捕了，有人呼吁救秦似，虽然我要证明他也并没有被捕，但我仍要作同样的要求：援救秦似！援救千千万万的"秦似"！

秦似没有死，秦似也没有被捕。早在年初，重庆便传着秦似未死，但已失自由的消息，说他被禁于桂南某县，那个县长要有十万元的赎身费才肯放他出来。就在那时，我接到了一封寄自广东信上并未书明寄信人地址的信，拆开一看，信尾的署名是"土根"，那时的欢喜是无法说出了，套一句成语，正是"如亲故人"，一份甜蜜，加一份辛酸。信一开头便说："别来至念。弟幸而尚在人间，渝传失实……"终于得到证实了，秦似没有死，因为秦似就是土根，土根就是秦似。（是他的笔名。其实秦似也还是笔名。）

信的内容很简单，"此时此地，弟一切详情不克书述，所可告者，惟日困愁城，生活费用无着而已"。另外提到存在友人处的他的一部译稿，想设法卖些钱，并说"杂文如有人肯要，倒可以集一新集云"。

不久，就又收到他的另一封信，还是说"生活极苦"。信纸的背面抄有几首旧诗，说是"愁坐多暇"而写的，希望在报纸上刊出。如果照他自己的说法，那些诗句表现的是他的"现况"，就是这样的了：

"万里烽烟战乱间，坎坷几许蚁民还。

胸怀浩气余生苦，志切时潮贻死闲。

道路翔传伤慈泪，衙庭悔过耻赧颜。

漫怜民主一砖石，俯仰屡当巨泰山。"（答父）

"身入大荒近海隅，蓬头依寄野人居。

官军要索文书亟，同志伤亡音讯稀。

乡居难浇血块垒，村妪堪语大同书。

青春磨尽髭鬚壮，北望中原又几时。"（乡居）

"猛士谁堪使屈降，坚贞自有铁肝肠。

黄巢不畏上方剑，秋瑾何曾惜发香。

剩水残山嗟暴虐，扶危救死奋忠良。

江河血泪几时尽，百姓犹荷民主枪。"（病后）

"初经念九载风霜，愧有睚眦书万行。

笔墨怨深浑未解，鼠蛇志满且猖狂。

流离绝地遗妻女，困顿穷乡久叛亡。

又是一年寒露后，高歌寂寞对秋光。"（念九）

从这些诗里，我们知道秦似并没有被捕过，只是在"扶危救死奋忠良"，失败之后，"同志伤亡"了，"军官要索"得很急，耻于"衙庭悔过"，这一块民主的砖石就只能隐姓埋名，于海隅荒村，过逃亡生活了。虽然"困顿"，虽然"寂寞"，却仍不失高歌的勇气，依然有"当泰山"的决心，与村妪讲大同书，一点一滴地工作。秦似到底是秦似！他没有死，也没有因苟活而低头，落荒而退伍，他还是老样子的硬朗，老样子的倔强！

这使人想起"野火烧不尽，春风吹又生"的野草，使人想起那一个以《野草》为名的小小的杂文刊物。

《野草》与秦似，几乎是一而二，二而一的，因为他是那一个刊物的实际编辑人。一如其名，《野草》的篇幅其小如草，一如其名，

《野草》的战斗精神极其顽强，顽强得使某些人必欲去之而后快。不幸的结果，终于如秦似在发刊词中所说，"野草虽然孕育于残冬，但生长和拓殖却必须在春天的，如果严冬再来，它自然还得消亡"。而当后来严冬再来时，《野草》就果然消亡了。

那是一段令人惨默的日子。

失去了《野草》，秦似就失去了他作战的阵地，但武器——他的杂文，是没有失去的，利用着每一个可能，他还是不时在挥舞。

而最后如风暴般袭来的是那最黑暗的湘桂大撤退，挈妇将雏，他颇为狼狈地离开了文化城桂林，在那儿，在那时候，除了逃难，是什么也不能作，不许作了，他预备到一个小县教书去，而后来却参加了一个应景而生的官家所办的地方民团。不久，由于那个民团司令硬要他当军法官，"那怎么行？我又没有念过法律"！在学校念数理，出了校门弄文学的秦似当然不肯干，一边是无论如何要你接受，一边是无论如何我都拒绝，终于，扛起他那劫余的小包袱，秦似自走他的路了。

秦似是不懂法律的，而在那些地方，"法律"也的确难懂，为了思想有"问题"，一个十二岁的小孩也给枪毙了，这就是那些地方的"法律"，秦似所不懂的"法律"啊！

但秦似终于找到了人民的队伍，而且参加了进去，在离开那官办的民团之后。正因此，他乃为"官军要索"而困顿，而逃亡了，一同名叫张炎的抗敌将军且以此被害，一群起来抗敌的同志且以此伤亡。

这是一段苦极、苦极的日子，这日子直到最近也还未过去，秦似的来信写于去年年底，而最近由司马文森先生呼吁"援救秦似"（新华副刊，三月二十七日）的文章里，还根据重庆刊物上的消息，以为秦似仍处狱中，可见虽在胜利之后，虽在政治犯要放，人身自由要保障之后，秦似依然逃死逃名于穷乡僻壤间，还不能挺身而出，堂堂正正地做一个人，连近在广州的朋友（如司马文森）也只有老远的向重庆探索其生死，"官军要索"也真太"亟"了，使人想起那句老话：兵来如剃。难道真个视民如寇仇，非执刀一个个剃死不可吗？

秦似虽然未被捕（他侥幸逃脱了）未与羊枣同其命运，但他得到的也并非自由，他依然待救。

而且，待救的又何止秦似一人？"官军要索"的又何止一个秦似？千千万万不能安于其位，不能人尽其才，逃去逃来，望门投止，忍死须臾的不都是"秦似"，不都要救援吗？

正如秦似所说："如果畸形的受难者们正立起来的时候，兽脸就将被刷清或自己藏起来。"

救援他们，揭开兽脸（那些虚伪的诺言，吃人的法令），正是我们的责任。

揭开兽脸，不要让它藏起来！

就在大家此起彼伏的一片关怀声中，秦似终于发声向众人告白。1946年9月出版的《文艺生活》（光复版8号）刊登了他的《从夜里到夜里——告两年来关怀我的友人》。文中秦似无限感慨地回忆起桂林沦陷前夕，匆促撤离的窘迫情状：

想起那个秋雨迷濛的早上，我们挤上了桂林南站的疏散车，我和女人和另几位朋友。"黄沙河失守，飞机场大火"，连看我也不回头一看那火海中的死城。我不知道人们要逃到什么地方，可以逃到什么地方，日本人跑得那样快，而带着虮子一般的男女小孩的疏散车却是每天走不了几里又停下来。前去独山，就连停住不开的火车也塞满了人了，官兵民三等，各各住了家。我们很快就发现了自己是逃难竞争中的失败者。而这时候，另一条道路却向我打开着大门，那是往沦陷中的家乡去的路。"国破山河在"，这被弃遗了的山河，又正有着自己的母子家人，和万千同自己一样乡音谈吐的家人父子……就这样折向南边，在凤凰站挨了车站警察的毁辱和强抢，把他们化装劫掠的剩余背在肩上，在敌前走了七天零两个晚上，终于回到敌后的家乡了。愿望得到的，终须得到。在参加人民一砖一瓦的，保乡爱国斗争工程中。

此处所说的"斗争工程"，就是秦似1986年10月为纪念聂绀弩所写的《友情难忘录》中提到的"桂东南抗日武装起义"。原文如下："一九四五年春，秀才造反，我参加了桂东南抗日武装起义。起义很快遭到失败，同志们死难很多，因而那时盛传，我已牺牲了（其实我是受到农民掩护起来了）。"①

秦似在《从夜里到夜里——告两年来关怀我的友人》文中还回顾他在农民保护下的避难过程：

> 我在这些日子里很难成眠，常常躺上了床，对着灰堆中的余烬默索一天里的事。必须竭尽心智，从仅有几个村人的口里和脸上，填出一天村里外情况变化的空白，下一刻会怎样呢？成十成百青年人的牺牲，把我丢了下来，现在，我是独立搏斗了。生命挣扎的本能在提醒着我：半点疏忽就会等于死亡……
>
> 我不能忘记他把我安置在一只小船里，如虎似狼的官军从船边呼啸而过之后，他黄脸上那朵安堵的憨笑；他也伴过我不少夜行，累成一对汗人儿般的攀爬中，同喝山沟里的水……怀着畏惧和小心，人们还是把我收藏起来了。

秦似在感谢乡亲们对自己的爱心和保护，缅怀惨遭杀戮的青年之后，他表示："从血堆中站起来，从死神手中挣脱。我不能向人民的仇敌宣告我是伤乏了、孤独了，准备把生命交给他们了，像一匹落荒的战马，我要认路奔回自己

---

① 秦似. 友情难忘录［M］//秦似. 秦似文集：杂文·散文（二）. 南宁：广西人民出版社，1992：727.

营里来。""挫败征服不了倔强的身心，折磨摧不毁期待天明的意志。""我抖擞身心，收拾起这多余的情绪，走上了险风恶雨的前路。"辗转流徙，终于抵达如其幼女王小莘所期盼的"不杀人的地方"——香港。

秦似在这篇文章的文末还深深感谢前辈和友人对自己的关怀，说"我理解这不仅出自友谊和感情"，"对于一个文化兵士的坎坷遭遇给予关怀，正是向万千同样遭遇的不幸者表示一点休戚与共。百般煎熬的日子里，友人的关怀给了我的温暖和勇气，而且凭借这份勇气，我终得脱死。一切语言，在表示我的感谢上是不会有用处的罢，我只在此默祝诸位的平安。而且告慰诸位我暂时之间是平安了"。

笔者之所以不厌其烦地陈述这一事件，主要是因为它当时在文坛上影响深远；而且从中我们可以窥见秦似此时年纪虽轻，知名度却不小，这与其自身努力密不可分。

秦似同聂绀弩生死不渝之交

在我国20世纪40年代的文坛上，曾出现了轰动一时的杂文刊物，这便是在桂林创办的《野草》月刊。该刊以短小精悍的文字，明快犀利的笔触，深刻地反映了抗战前后中国的真实面貌，针砭时弊，无情地揭露抨击敌人的恶行，鼓舞斗志，是我国现代文学史上重要的文学期刊。值得一提的是，该刊的编辑是早已闻名我国文坛的老将夏衍、宋云彬、聂绀弩、孟超，而实际主持编务的则是刚崭露头角的二十三岁文学青年秦似。前四人中年纪最大的宋云彬比秦似大二十岁，最小的聂绀弩也比秦似大十四岁。秦似不仅谦虚好学，积极苦干，而且尊敬、团结前辈，与他们相处相当融洽。因此刊物越办越好，广受读者欢迎。1943年秋刊物被广西当局查封。1946年冬秦似等人又先后聚集香港，复刊《野草》。

秦似和《野草》同人始终相濡以沫，坦诚相见，友谊长青，中华人民共和国成立后仍保持紧密联系。孟超、宋云彬、聂绀弩先秦似而去，秦似当即命笔深情悼念或为其杂文集撰序；而秦似离去后，夏衍也撰文寄托哀思。

　　聂绀弩是个颇具传奇色彩的人物，早年进入黄埔军校，参加过北伐战争，留学过苏联，去过日本，因组织反日活动被逐出日本。后由胡风介绍参加"左联"并一起组织过新兴文化研究会。又在鲁迅的支持下，办过《中华时报》副刊《动向》和杂志《海燕》，展现其写作和编辑才能。1934 年入党，抗日战争爆发后积极参加抗日救亡演剧一队、丁玲率领的"西北战地服务团"等深入前线后方宣传抗日。到过延安。1938 年经周恩来介绍，在新四军军部任文化委员，与陈毅曾一起共事。1940 年 4 月到桂林主编《力报》副刊《新垦地》和编辑《野草》。他虽然才华出众，阅历丰富，但同时又是"一个落拓不羁，不修边幅，不注意衣着，也不注意理发的人。讲真，不怕得罪人，有所为有所不为，属于古人所谓的'狂狷之士'。他不拘小节，小事马马虎虎，大事决不糊涂。他重友谊，重信义，关心旁人远远胜于关心自己。他从不计较自己的待遇和地位"①。

　　秦似和聂绀弩是在筹办《野草》杂志之中，以及秦似向聂绀弩主编的《力报》副刊《新垦地》投稿过程中相识相知的。交往中，秦似十分敬佩聂绀弩为人随和率真，更为其博学与文采所折服。他回忆道："绀弩的文章，风趣，不板脸孔，嬉笑怒骂皆成文章。他虽身受鲁迅影响，但文风却与鲁迅不一样。而风趣、寓庄于谐，则是深得鲁迅的杂文三昧的。他的文章长短由之，信笔拈来，往往就引人入胜。实在是一大文章家。"② 其影响最为深远的是在《野草》桂林版发表的《韩康的药店》和香港版刊载的《毛泽东先生与鱼肝油丸》。两文均为聂绀弩亲自交秦似编辑发表的。前文写于皖南事变后，巧妙地将汉朝的韩康和宋朝的西门庆糅进同一时代的同一故事，借古讽今，揭露并抨击国民党顽固派依仗权势也无法赢得民心的现实。这篇"故事新编"式的作品一经发表便引起很大轰动，人们奔走相告，刊物销量猛增。事后，"韩康的药店"便成

　　① 夏衍. 绀弩还活着——代序［M］//《聂绀弩还活着》编辑小组. 聂绀弩还活着. 北京：人民文学出版社，1990.
　　② 秦似. 友情难忘录［M］//秦似. 秦似文集：杂文·散文（二）. 南宁：广西人民出版社，1992：725.

为读者对广西当局排斥异己的国防书店之类的书店嘲讽的代名词。后文是写他在延安和毛泽东谈论学问，并记述毛泽东对群众的演讲如何深入浅出，风趣生动。又说到毛泽东工作很忙，有时健康欠佳需服用鱼肝油丸。近见毛泽东到重庆参加国共谈判的照片，不禁引起对他健康的关注。文章发表后，反映很好。殊不料到了1957年前后，聂绀弩却被指责为对领袖不恭而打成右派。秦似为此曾多次在我面前打抱不平说："此文是我在香港向他约写并编发的，内容一清二楚。全篇丝毫没有对领袖不恭之处，而且，作者分明考虑到，文章是写给海外和香港读者看的，只能称先生，不能不掌握分寸。更何况，刊物既要能公开发售，又要宣传我们党的事业、党的领袖……他正是把毛主席当作一个人，一个革命领袖来尊敬的，他没有把他当作神。这也是绀弩的可爱之处。如此望题（文）生义，无限上纲上线的做法是要不得的！"

"同声相应，同气相求。"秦似与聂绀弩，虽说是一少一"老"，一肥一瘦，但他俩生性相近，志趣相投，情同手足。在桂林，撰文编稿之余，他们常在一起谈论音韵学，探求杂文写法，同去参加抗战宣传活动。到了香港，聚会更为频繁。除了一同开会活动，私下常来往。秦似告诉我：那时他住港岛，只有一间"老虎尾巴"般大的小房间，夫妇和女儿睡一大床，只容得再放置一帆布小床；而聂绀弩则住在九龙港九劳协办公室傍狭长的小房间，面积还不足10平方米，仅容得一卧榻，另有一张小小的写字桌和一张旧沙发。即便如此简陋，但每周秦似总有一两天去聂绀弩家过夜，聂绀弩夫妇睡床上，他则侧躺在旧沙发上，再拿聂绀弩那件日本旧军大衣当被盖。"除了论世谈文外，又多了一个友谊——下围棋。"聂绀弩过香港来，有时晚上也住秦似家，屈卧在帆布床上。照样谈文下棋，尽兴而归。

秦似、聂绀弩同属浑身热血沸腾，心高气盛，毕生追求真理的性情中人。他们为文句句生棱，字字出角，针砭时弊，直言不讳。正所谓"皎皎者易污，挠挠者易折"，时运多乖蹇，防不胜防，常为权重者所不容。但彼此不管发生任何不测，却总能惺惺相惜，相互理解与慰藉。当年风传秦似被杀，聂绀弩心急如焚，四处打听消息，当获悉秦似幸存时，他即撰写《欣闻秦似未死》在刊物上发表。中华人民共和国成立后，他们同在历次政治运动中备受不同程度冲击，聂绀弩尤甚，被戴过各种"帽子"，蒙冤被判过无期徒刑。直到 1979 年聂绀弩冤案才得到昭雪，党籍得到恢复，任人民文学出版社顾问，后被选为中国作家协会常务理事、全国政协委员。秦似十分同情、关心聂绀弩的遭遇，经常打听其情况，常和他保持往来和书信联系。尤其自 1982 年聂绀弩病卧在家起，秦似一到北京即前往聂绀弩家慰问，依然和他称兄道弟，下棋海聊。1986 年 3 月 26 日，聂绀弩不幸逝世。同年 4 月 5 日，秦似从南宁赴京参加其遗体告别仪式，同时探望病危的家父王力。不料 4 月 10 号自己却卧病入院，后诊断为不治之症。动手术不足两周，伤口才稍愈合，即扶病撰写悼念聂绀弩的文章，每天只能写一小时左右，断断续续写了二三天，由于护士的干涉而中止。但这情深意挚的五千多字的文章，却成为秦似弥留之际的获麟之笔。他于 7 月 10 日也驾鹤西去，到天国继续陪亡友对弈谈心。这对历经四十六个春风秋雨的患难之交，"由新老关系进入老老关系"，始终是"君子之交，但友情却是一天没有中断过"（秦似《友情难忘录》）。

聂绀弩在获"特赦"出狱不久给秦似一长信，从中足见他俩亲密无间的关系，也可知聂绀弩出狱前后的一些情况，弥足珍贵。据传此信原件已失，幸我仍握有此信复印件，特录此以飨读者：

秦似兄：

一部十七史，从何说起？

数月前承蒙赠大著诗韵二册，尚未拜读，即被人抢去。可见此书定有销路。但我因尚未看，无话可说，失去给你写信的由头。

我久想写信给你，听说你有事要来，不如等你来后面谈。有许多事，写信谈不好，面谈则三言两语可决。但你至今未来。

我又不想、不愿、不敢写信。十余年前，你到家找我下棋，一次我略及我的杞忧，你厉声说："这不用你担心！"我才明白你我共同语言已少，就下棋吧。后来你连棋也不来下了，我也未觉遗憾。现在给你写信，假如你的见解和心情还和十多年前一样，又有什么写信的必要呢？

按照十多年以前又以前的关系，先谈几句废话吧。我在里面十年，所幸有许多时间看书，马恩全集读了一大半，其中最大的《资本论》，四卷六大册二百五十万字，一卷读了十遍，其余各卷至少三遍，反杜林和列宁的唯物主义与经验……各读了廿五遍，其他不提。这些书一看下来，脑子真是大大改变了，包括对以前你说我研究《水浒》是学究式，宋之的说我讲古典小说不能引经据典的意见的理解。关于这些以后详谈。

去年 9 月被宽大释放，月领生活费 18 元，现依周颖为生。家中三妹、周海燕相继死去，靠古稀老妪烧饭及料理一切。她同我一样有喘病，我不但喘而且大失走路能力（如果是单人房，恐已成哑子），一点不能帮忙理家。而我们又都越来越老，前途不堪设想。因此有求于你，这是信的本题。

有个女的，名叫"申娟"，五十多岁了，在南宁化工厂工作。她是我的表侄女，也是义女养女之类。她的丈夫名"李剑（健？建？）秋"是党员，在厂内当科长。据申娟说，他们感情不和，已分居十几年，屡次提出离婚，不知何故，男的总不同意，告到法院，法院向厂了解，厂负责人总听李剑秋的，因之一直不批准。这事，早由周颖函告翰新同志，翰新亦曾出力，但也无效。似乎还有别人帮忙，也都无效。据说其所以无效，是因为帮忙的人都不是有地位的党员。就是说，如果有一个有地位的党员出来，情况就大不相同了。因此就想到你。又想，这事于你太风马牛不相及了，所以迟迟未写信。但他们如果离婚了，于我和老周大有好处。如她自由了，退休之后，就可来京和我们一块生活。我们有了这样比较年轻的人在一块儿，晚年就好过得多。这又是终于写这封信的理由，不用说，动机是不纯的。如果你念过去几十年的关系，觉得此事不妨碍，和有关方面谈谈，不是完全无法，完全无人可找，那就请插插手着，这事翰新比我知道得更多，请与之商谈商谈。如果完全无法帮忙，当然只好作罢。

申娟爱人的名字，可和翰新对证一下，我记不清了。

关于别的，只一句话，只要你无顾虑，肯和我通信，我们会有畅谈一切的机会。

祝好！并问翰新好！

绀弩上　八月五日
周颖附候。

缅怀秦似先生

——在秦似先生百年诞辰纪念会上的讲话①

邓祝仁②

大家好!

我和秦似先生见过两面,打过一些交道,今天(2017 年 10 月 15 日)正值秦似先生百年诞辰纪念日,我谈一点点感想,以表缅怀之情。

我知道开会的消息比较晚,来不及准备发言稿,凭记忆做点即兴发言吧。可能会显得零散,说得不对、不准确的地方,请各位与会者批评指出。

钟琼馆长跟我打电话的时候,我正在接受桂林电视台《板路》节目记者的采访,谈桂林前贤唐景崧其人及其故居和他对桂剧的贡献。钟馆长在电话里告诉我,秦似先生百年诞辰纪念会拟在本周星期天(15日)举行,希望我能来参加。本来我已有安排,打算不出席今天秦似这个会的。因为一周前的 10 月 7 日,

---

① 该文根据邓祝仁先生 2017 年 10 月 15 日在秦似先生百年诞辰纪念会上的讲话录音整理而成,并根据邓祝仁先生 2017 年 10 月 17 日的新浪博客文章做了一些补充。文稿整理出来后,又经邓祝仁先生亲自审阅并修改校正。

② 邓祝仁:广西桂林人,现任桂林电子科技大学外聘教授、硕士研究生导师,曾任《社会科学家》杂志社社长、主编、编审。

是陈寅恪逝世 48 周年，他妻子唐篔在 45 天后随他而去，逝世也 48 周年。陈寅恪一家 1942 年旅居桂林。大家知道，陈寅恪是中国的大历史学家，也是我们桂林的孙女婿，他妻子唐篔是唐景崧的嫡亲孙女，唐景崧晚清时曾担任台湾巡抚。陈寅恪的三个女儿陈流求、陈小彭、陈美延定于 10 月 13 日抵达桂林，14 日游雁山公园，15 日赴灌阳，16 日离桂，正好和秦似先生百年诞辰纪念会召开的时间重叠。这半个月来我受唐景崧后人的邀请为接待、陪侍陈寅恪的三个女儿一行 9 人做准备。她们此番回桂林，要重走她们父母待过的、生活过的地方，她们现在都已经是 80 多岁高龄的人了，此次齐聚桂林的计划已经筹划了很长时间，非常不容易。昨天，我陪她们重访了雁山园，她们一家曾经住过的地方，到大圩唐景崧墓地扫墓。今天她们回灌阳瞻仰祖父的故居，原本叫我去的，我说我不陪你们去了，桂林有个会议要出席，灌阳有人陪你们。她们都是各自的子女后代们陪着来的，一行 9 人，明天就走了。一点题外话，这里不多讲了。

秦似先生百年诞辰之际，广西桂林图书馆经过精心策划，扎实工作，成功举办了一系列纪念活动，有感人至深的秦似后人的现场赠书，有珍贵而丰富的秦似专题展览，有亲切温馨的来自秦似家乡博白县亲人和各地嘉宾的缅怀追思，以及议题深入的秦似学术研讨。今天上午，我和大家一起参加了在桂林图书馆临桂新馆举行的秦似先生百年诞辰纪念专题展览开幕式和图书捐赠仪式，心里面非常有感触。秦似先生的女婿吴智棠先生向桂林图书馆赠送了一批书籍文献，包括秦似的著作、手稿、印鉴、照片等。徜徉在宽敞明亮的展厅里，我见到了许多过去没见过的老照片、手稿和印章，又一次目睹了图书馆珍藏的秦似 20 世纪 40 年代在桂林编辑发行的《野草》杂志和其他翻译作品，这些展品十分珍贵，而且很丰富。作为秦似先生的一个没入门的学生，我看了这个展览，觉得非常亲切，也感到很自豪，站在这些珍贵的资料面前就不想走，心里面回想到过去和秦似先生的一些交往，睹物思情，肃然起敬。

我现在手上也有一些秦似的东西，像《现代诗韵》《两间居诗词丛话》《杜甫诗歌赏析》等，还有秦似去世后桂林这边编辑、广西师范大学出版社出版的

《回忆秦似同志》和杨东甫编的《秦似年谱》。上午在展厅里看到了那么多关于秦似的成系列的材料，再联系到我对秦似先生的一些了解，觉得这些材料中少了一块，那就是他对桂林的关心，对桂林文学界及中学语文老师的关心、支持、鼓舞和提携。

秦似先生固然是著名作家，但他还是一位颇有影响的优秀教师和教育家，在中学和大学任教过，深得学生爱戴。在他去世两周年出版的《回忆秦似同志》（广西师范大学出版社，1988 年）这本书里记录了许多他关心、支持和提携青年人的动人肺腑的故事。过去的学者，即使在高校，一般和地方的联系都非常紧密。刚刚大家讲到秦似先生和家乡的联系，他的家乡之情深厚，令我为之动容。但秦似先生不止如此，他和桂林也有很深的渊源。这里不说他的杂文从桂林起步，不说 20 世纪 40 年代他在桂林的那些故事，想强调的一点是他作为作家、教育家，在去世前几年和当代桂林文学界、教育界的联系也特别紧密。

本来，钟馆长想让我联系几个秦似先生在桂林的昔日旧交，看能不能来参加今天这个纪念会。结果我一掰手指头，比如广西师大中文系教授蓝少成、桂林市作协原主席刘英等都去世了，在桂林和秦似先生交往过的一些还健在的同志大多年事已高，90 岁上下，像彭会资老师这样的还算是年纪偏小一点的。原来在市文联当负责人的郭其中、余国琨等都 90 岁高龄了，所以他们大多是即便想来参加也不太方便了。像郭其中郭老，我给他打电话，告诉他今天有这么一个会，他听到这消息就很兴奋，一下子打开了话匣，和我说了许多关于秦似的故事。他说，他收藏着秦似的全集，还记得王辑和的名字，记得秦似先生的女儿。魏华龄老先生 98 岁，精神很好，走不动了，也收藏了秦似的全集。郭老告诉我秦似的女儿王小莘住在哪里，多少栋，第几层，他记得清清楚楚。他还说秦似曾为他写过一幅中堂，很大很大，以至于他拿不动。至于纪念会，他表示很遗憾，由于身体原因，就不过来了，告诉我转告会务组，祝贺大会圆满成功。

秦似先生在桂林度过了他的青春和壮年时期的宝贵岁月。他不是闭门造车的作家、书呆子、教书匠，他是社会活动家和教育践行者，是桂林文化人和作家们的良师益友。余国琨、樊平、刘克嘉、刘英……这些我们桂林市文学界的前辈，当年经常和秦似先生在一起吃饭、打桥牌，一起交流文坛信息。刘英就是他配合默契的牌友，刘英好像写过这方面的回忆文章。秦似曾问我喜不喜欢吃肥肉，我说扣肉还可以吃一两块，纯大块肥肉就免了……他哈哈大笑，说他特别喜欢吃大块的肥肉，那感觉很爽。20 世纪 80 年代初期，桂林有一份文学期刊叫《漓江》，就是现在《南方文学》的前身，秦似不因为《漓江》是一份小地方的刊物而瞧不起它，反而经常赐稿，为提高刊物的质量和知名度而努力。大家都知道秦似有一篇选入语文教材的散文诗《幼林》，我在中学当过语文老师，教过这篇文章。这篇《幼林》是当年他投出去的退稿，然后投给《漓江》发表出来，再编进语文教材。

秦似先生除了和桂林文学界有紧密的联系外，作为一个语文教育工作者，他也作出过很大的贡献。大家知道，秦似曾担任过广西语文学会会长，他不是随便挂个名号而已，而是身先士卒干实事。20 世纪 80 年代初，广西语文学会搞得特别火热，经常在桂林搞活动。秦似在广西大学中文系创办了《语文园地》这份刊物，不怕麻烦，自任主编，自筹经费，专门发表中学语文教学文稿，培养、发现和激励了一批中学语文教学人才，我也是得益于此而慢慢成长起来的。

秦似先生是 1986 年 7 月去世的。我和秦似先生的交往，是在他去世前，正是他学术思想最成熟的时候。那时我 30 多岁，在桂林市一所普通中学桂林市第四中学做语文教师。

那时秦似先生经常往返于桂林和南宁之间，为广西语文教育教学改革奔走忙碌。他经常深入中学和语文教师促膝长谈，亲密无间。在他的领导和影响下，桂林的语文教学改革搞得风生水起，经常邀请全国顶级的语文教育家和北京、上海的一线优秀语文教师来做报告、开讲座、上公开课。偌大个人民礼堂坐满了黑压压一大片人，上千人认真地学习、听课。所请的著名语文教育家和中学语文老师有吕叔湘、朱德熙、张志公、刘国正、魏书生、于漪、钱梦龙、宁鸿彬等。

那时我们桂林市教育局有一个语文教研室，有陆冠群、秦国雄、张立波、朱新平等好几位教学经验颇丰的老师。他们和各中学的语文老师们关系也特别融洽，借助各方力量，把语文教育教学方面的学术活动搞得有声有色。1985 年 10 月，桂林市语文教研室曾经组织全市 20 多名青年语文教师到辽宁盘锦、天津、北京考察中学语文教育教学改革，观摩魏书生、宁鸿彬等先进教师的公开课，到北京景山学校瞻仰邓小平"教育三个面向"的题词。回来以后由我向全市中学语文教师作了考察收获报告，此后在全市范围内全面开展了中学语文教学改革，举行了公开课汇报比赛。我担任东片教学改革评审组组长，和同事们到各所中学听课和评议。这一年，我写了一篇语文教育论文《试论中学语文课堂结构的最优决策》请秦国雄老师审阅，后来联合署名投稿参加一次征文比赛，获得了全国中学语文老师"'三个面向'与语文教学"征文优胜奖（全国几百篇文章只评出了 7 篇获奖作品），这篇文章全文发表于中国语文教学的一流刊物《语文学习》1985 年第 10 期上。后来教育局的老师告诉我，广西还没有人在《语文学习》刊发表过论文，我们桂林是第一次。这是我们当年在秦似先生的关心和激励下，获得的一点小小的成绩。

我和秦似教授见过两面，面对面地聆听过他的教诲。在他去世后一年，也就是他 70 周年诞辰的时候，我写了一篇短文回忆和他交往的故事，发表在《桂林日报》上，编者还加了按语。全文如下：

匆匆两面——怀念秦似教授

这是 1984 年盛夏的一个晚上，广西语文学会假桂林市九中（今中山中学）召开茶话会，为《中学语文文摘报》和《语文园地》的发行作宣传。开会前，有人指给我看，那位"大块头"就是秦似教授。他坐在一张又矮又窄的学生椅子上，一脸通红，双下巴，短袖白衬衣，宽大的裤子，双手叉在大腿上，这副模样同我想象中的学者形象真是太不相同了。

开会了，秦似作了简短的讲话，声音有些沙哑，但很有力。他谈到《语文园地》发行量不多，几乎期期亏本，但想法子也还要办下去，语文教学需要它。他要为我国的语文教育奔走呼号，为《语文园地》筹集资金。他请在座的各位特别是语文老师积极写稿和帮忙宣传。他的信心十足。

散会以后，我们一群中学老师同他闲聊。我谈起投稿的苦恼，说辛辛苦苦写的稿子，投出去大都石沉大海，有的则被删得面目全非。听了我的陈述，秦似哈哈大笑起来，他高声说："这算什么，家常便饭，家常便饭。"接着，他又压低声音，用他厚实的手掌轻轻拍了拍我的肩头，告诉我们他也常有同样的遭遇：他的一个电影剧本被一字不提退回，他选进语文课本的散文诗《幼林》是被退稿改投《漓江》（桂林市《南方文学》的前身）才发表的。他鼓励我们，要经得起生活的折腾，不要灰心，"东方不亮西方亮"，"功夫不负有心人"。他希望我们写了稿给他寄去，说中学老师写一篇稿很不容易，他会严肃对待。我惊异了，不相信这会是出自一位名作家、名教授嘴里的话。那么平静，那么亲切，那么直率。后来，我真的给《语文园地》编辑部（没有给秦似本人）寄了一篇一家杂志退回的稿子，不久便登了出来，收到样书的时候，那种心情真是难以名状。

不久以后，我又获得了一次单独会见秦似教授的机会，在他所下榻的饭店里，与他作了较详细的交谈。那一次他给了我很大的鼓励，以至于在告辞时，竟有些恋恋不舍。

时间过得真快，三年了，匆匆两面，秦似教授逝世也已经有一年多了。但每当夜深人静，我坐在台灯下"爬格子"时，就很容易回忆起这两件往事，他那爽朗的笑声和诚挚的神情常常鞭策我打起精神，写下去，写下去……

［桂林日报原注：（1987 年）10 月 15 日是著名作家、教授秦似同志 70 诞辰纪念日，本刊特发此稿，以示纪念——编者］

此外，那些年我还写过几篇和秦似先生有关的小文章，分别发表在《广西日报》《桂林日报》《语文园地》《学术论坛》《广西地方志通讯》等报刊上，计有：

《秦似先生〈两间居诗词丛话〉的基本特色》（《广西日报》1987年2月22日第三版）；

《筷子趣话》（《桂林日报》1986年12月20日）；

《向往光明的人——关于巴金的〈灯〉》（《语文园地》1986年第12期）；

《巴金抗战时期三次在桂林略览》（《学术论坛》1985年第3期）；

《我国第一部词书——〈尔雅〉》（《语文园地》1984年第6期）；

《论孙中山在桂林的教育言论与实践》（《广西地方志通讯》1986年第6期）。

其中一篇全文如下，以见一斑：

秦似先生《两间居诗词丛话》的基本特色

最近，读了四川人民出版社新近出版的秦似教授的《两间居诗词丛话》（简称《丛话》），掩卷沉思，我感受到了学者兼作家秦似严谨的治学态度和《丛话》的独特风格。

秦似写杂文，写散文，写诗，写语言论著向来严肃，即使撰述像《丛话》这样的零札文字也踏踏实实，决不"信手拈来"。《墟》一篇连标点在内不过百来字，却考证出了柳宗元对"墟"字的用法。写这百来字至少得把柳宗元在柳州的诗文阅完才行。

同历代诗话词话扼要简明，内容广泛的特点一样，《丛话》也呈现出短小精悍、包罗万象的风采。收入其中的百来篇文章最长的才千余字，涉及的论题林林总总：有对诗词传统定评的异议和质疑，有对文坛轶事的勾陈与评述，有对小人物特别是不见经传的佚名女诗人的首肯，也有对著名的大人物某些作品的微词，有致力整首诗词格律、平仄的分析研究，也有专务个别字词含义与音韵的思考探微，有意在大家风格的比况，也有企图于某种民俗民风的溯源。总之，捧读《丛话》，既可以获取知识又能得到艺术享受。

《丛话》的另一个特点是它论世知人的中肯剀切。以"人生自古谁无死，留取丹心照汗青"流芳于人世的文天祥在人们心目中无疑是一位高大完美的英雄。然而，秦似却写道："南宗君臣于残山剩水间不忘及时行乐，文天祥也是其中之佼佼者。"他奴性十足，宋将亡时还"捧诏涕泣"，募兵入卫小朝廷，训诫儿子"乐人之乐忧人之忧"；他道学味浓，"多事"地指责以一首"太液芙蓉"词名垂青史，"堪与李清照比肩"的名叫王清惠的女诗人。秦似又说文天祥毕竟有不屈于强暴的一面，不可全盘否定。他终于发出了肺腑之言："论世之人，要全面并不容易。"《丛话》中对李白的人品，苏（轼）辛（稼轩）的词风优劣，李商隐、李贺、刘长卿等诗的特点均有剀切之语。

研究诗话词话又注意突出地方特色并非易事，但秦似做到了——《丛话》的地方色彩浓郁。且看《荔枝与杨贵妃籍贯》，文章谈及，《永乐大典》关于杨贵妃是广西容县杨村人的记载，秦似不满足，他亲赴容县考察；还不满足，他进一步找旁证材料，找到洪升、苏轼、欧阳修那里。至此，虽然可以得出贵妃之爱荔枝，"一为岭南荔，二为若非从小养成，其嗜爱哪有那么深"的结论，但是，作者还是未下最终断语，只说"可作研究杨贵妃籍贯之一考"。又如对"墟"对"峒"的考证也与广西关系密切。

作为诗人兼语言学家，秦似撰文总有其所钟爱之处，下意识中即将笔端移向字词、句子、平仄、对仗、韵脚、格律、方言等。这似乎应了一句话：特长也是短处，短处也是特长。本无可厚非。不过，我发现这类文章有的可以不写，有的篇章在谈格律的时候仿佛太一般化。因为于此道的书实在太多了。

合上《丛话》，我还想到，在目前这类书籍刊物大有使人目不暇接的发展趋势的时候，有选择地读一些像秦似这样的厚积薄发的专著，对增加文化积累和提高文学素养，是大有裨益，而时间也经济的。

我今天要发言的，大概就是这么一些内容。最后，请允许我宣读黄理彪先生从希腊专门给会议写来的一段话作为我发言的结束。黄理彪是秦似先生一手培养、提拔起来的年轻教师，20世纪80年代任广西语文学会副秘书长，后来任广西师范大学出版社总编辑、中国妇女报社社长。这段话如下：

秦似先生是我的恩师。他担任广西语文学会会长时，让我担任语文学会的副秘书长（当时我在广西师范大学中文系进修，年仅31岁）。在那时，他特别关心我、培养我、教育我、指导我如何学会工作，如何做好学术研究。在与秦似先生相处短短的三年时间里，我学到很多东西，学术研究水平也有了较大幅度的提升。可以说，没有秦老师的耐心教育，热心引路，就没有我的今天。我非常怀念秦老师、感恩秦老师。但遗憾的是，我现在不在国内，无法前往参加这次活动。在此，遥祝秦似百年诞辰纪念暨图书捐赠仪式圆满成功！

"骚扰"秦似先生

庞铁坚①

刚恢复高考的时候，我算是一个文学青年，自然要报名赴考。因为中学基础太差，加上填报志愿非常盲目，最后被广西商业学校录取。临去南宁之前，我去向堂哥庞传武辞行。

堂哥年轻时考入广西师范学院（今广西师范大学），毕业后留校，"文革"结束后任中文系党总支书记，我从他那里借过不少的书来读，所以也想听一下他的指点。

堂哥说："你去南宁，可以去找找秦似。他是我们博白老乡，王力的儿子，古文和文学功底都很好，可以请他指点一下。"

对于秦似这个名字，我是知道的，因为我买过《现代诗韵》这部工具书。可以说，在"文革"结束后，这部工具书是影响力仅次于《新华字典》的语文工具书，作为文学青年，那是案头必备的。但我没想到他是我的老乡，更没想到他还是著名语言学家王力

---

① 庞铁坚：广西博白人，桂林市旅游发展委员会调研员，桂林市旅游学会会长。

的儿子！可是，他会理睬我吗？

堂哥说："不要紧的。你就说是我的弟弟。我是他的学生，又曾共事过，和他关系很好。他会接待的。"

广西商业学校与广西大学毗邻。广西大学中文系的新生中也有几个我的朋友，我向他们打听秦似住在哪里。当这些朋友听说我要去找秦似，都很惊讶，说："你去找秦似？秦似很傲慢的哦。"

我没把朋友的话往心里去，找了个周日，带着自己新写的"习作"，连水果也没有买，就去敲秦似家的门了。

开门的是秦似的夫人，秦似不在家。师母听说我是庞传武的弟弟，就让我进屋坐着等。

没多久，秦似回来了。他很胖，听说我从桂林来，是庞传武的弟弟，脸上也没啥表情，说："哦。"

我就把自己的"习作"递上去，说："我喜欢文学创作，现在在南宁读书。我堂哥说让我找您，请您指教。"

我虽有点初生牛犊般的胆大，但毕竟是第一次见教授、见名人，故也有点腼腆。

秦似接过我的"习作"，把小说稿放一边，说"这个有空再看"，就翻阅我写的诗歌。说实话，那其实只是押韵的分行话而已，并没有什么诗意。

秦似说："你的诗啊，思想好，口号太多。"

这个评价，我听懂了。

他又接着说："缺乏意境。"

我似懂非懂。

他把我的诗又递给我，这就算点评完了。我还是很兴奋的。

告辞的时候，秦似说："你下周再来吧，那小说我下周再讲。"

第二个周日，我就真的再去敲秦似的家门。

听了秦似对我那篇小说稿的意见后，我又递上了一篇新写的小说。说实话，那时的"创作"热情很高，只要愿意，大约每周都可以写出一篇小说或者几首诗，但毕竟缺乏生活经历和认知，主要还是编故事，图解概念。

就这样，几乎每个周日，只要有新"创作"出来，我都会去秦似家。现在才回想起来，秦似居然没有对我的这种纠缠式求教表示一点厌倦。

1980年初，由秦似主持，中国诗歌界在南宁召开了中国当代诗歌讨论会，这是"文革"结束后的第一次新诗讨论会，是中国文学界尤其是诗歌界很大的事情。在讨论会筹备期间，秦似告诉了我会议的时间和地点，我就跑去参加了，先是在邕州饭店里听研讨，然后转战到广西民族学院听报告。记得当时著名的诗评家谢冕的发言很精彩，他在发言中大胆抨击"新诗的路越走越窄"，呼吁要包容不同流派的诗歌创作，"看不懂不要紧"，"要允许探索"。可以说，那次诗歌研讨会是中国现代诗正式走上舞台的开端，而谢冕也因为在这个大会上的发言奠定了自己的诗评家地位。可以说，这次旁听研讨会真正开启了我的思考——未必是关于诗歌的思考，但却一下子让我从各种莫名的羁绊中解脱出来了。

在南宁新诗研讨会的会场上，我自然会遇到秦似。等他走下主席台，我便腼腆地向他问好，他居然没有反应。这让我很纳闷很尴尬。后来，我曾把这个细节跟堂哥说了。堂哥说，他只是一般不理路人。

哦，原来是这样。

在秦似先生的指点下，我的写作进步还是比较明显的。在南宁读书那两年，我在《广西文学》发表了一首小诗，在《红豆》发表了一篇小说。我的诗歌是柯炽先生编发的，小说是李栋先生编发的。这两篇作品的发表，秦似先生并没有打招呼，甚至他始终不知道我发表作品的事，因为我也没有告诉过他。要知道，在那个年代，刊物很少、版面极缺，文学创作者的队伍又非常庞大，发表豆腐块也是不容易的事情，我这样一个小青年的名字能够印成铅字，是离不开秦似先生的指点教诲的。只是那时的我少不更事，在写这篇文字之前，从来也没有想到：刚获"解放"的秦似先生多么繁忙，有多少重要的事情要做。我每周登门，不但求见，还要求指教，实在是不速之客的无理"骚扰"啊。

写到这里，我才想起：从来没有在秦似先生家见到别的客人来访，估计别人都不便打扰他吧。敢情，这么长的时间里，我得到特殊待遇啊。

我毕业离开南宁的时候，竟也没有想到去秦似先生那里告别一声，就这样悄悄地走了。没想到，几年以后，就传来了秦似先生辞世的消息。我和一些文学前辈谈到我曾有的这段与秦似先生的往来，他们都不相信。

秦似先生与博白[①]

冯秀琨[②]

尊敬的领导、专家、老师们:

大家好! 我非常感谢主办单位广西桂林图书馆给我这个机会,让我能代表博白 180 多万名乡亲,到这里来表达我们对秦似先生的敬重和怀念,并让我有机会向在座的各位专家、教授们学习。现在,我给大家汇报我所了解的秦似先生同博白有关的一些情况。

一、良家养育好儿郎

我很早就听说王力和秦似的名字,但真正对两位前辈有所了解,是我在写《冯培澜传略》的时候,我从收集与冯培澜有关的史料中,了解到王力先生和秦似先生的一些情况,也了解到冯培澜与他们之间的友谊。冯培澜笔名叫陈闲,是我爷爷的堂弟,我叫他叔爷。我从亲戚的口中了解到,王力先生家当年的家境并不像有些文章所说的那样"贫穷",因为,在当时的博白农村,能拥有单独二进厅堂的小院、能雇得起长

---

① 本文系作者在秦似先生百年诞辰纪念会上发言的整理稿。
② 冯秀琨:广西博白县文联副主席、作协主席。

工的家庭是很少的。其祖上历代书香，他的祖辈上溯至五六代，全是秀才、举人，兄弟全是大大小小的知识分子。只是没出过什么大官和富翁，仅为幕僚之类的闲职，因此，家庭生活只属当时的"小康水平"而已。到了王力这一代，仅是王力的兄弟及其子孙，就有 10 名教授级人物：王力是北京大学教授，其长子秦似（王缉和）是广西大学中文系教授、自治区政协副主席；次子王缉平是广西医科大学教授，长女王缉国是《广西日报》高级编辑、记者，三子王缉志是北京四通集团总公司执行副总裁，四子王缉思是北京大学教授，五子王缉宪是香港大学教授，二女儿王缉慈是北京大学教授，其胞弟王祥珩是广州地理研究所研究员，孙女（秦似女儿）王小莘是华南师范大学副教授（另外，王小莘的爱人及女婿也是教授）。秦似的家乡博白县新仲村岐山坡位于南流江畔，距县城 0.5 公里。岐山坡人的先祖是从本县顿谷镇的一个王姓旺族金圭塘搬迁过来的，刚来时是 1 户人家，现在整个自然村有 20 多户人家近 300 人。在外工作的人中，被评为副教授（副高）级以上职称的就有 20 多人，被人们誉为"教授村"。

　　王力比冯培澜长 4 岁。冯培澜在县国立高等小学堂读书时，王力正在大车坪村教书。他们的认识，是因为冯培澜的四嫂——我的亲祖母，也是岐山坡人，与王力是邻居。村与村之间有联姻，便会有来往。相同的志趣和爱好，使他们一见如故。1921 年春，王力先生在大车坪得到李月初赠给他的 14 箱书。同年夏，王力邀冯培澜等七八个知识青年，办起了"民十书社"［民十即民国十年（1921 年）］。他们先以大车坪所得的 14 箱书和冯家、王家历代的藏书为基础，大家一有空就聚集在一起读书、交流。1924 年秋，博白县教育科长陶生熙在评论博白知识青年时，称王力、王贞谔（也是岐山坡人）、梁存真、冯培澜为"博白四才子"。到后来，冯培澜在桂林的时候，娶了王力的堂妹王奇为妻，成了秦似的姑丈。

　　由于父亲不在身边，母亲对秦似管教很严。1922 年，5 岁的秦似便进入设在他家的小学读书。老师是他的三叔。不久，小学搬到他家隔壁的宗祠里上课，叫岐山小学，由于教学好，学校名气逐渐大了，把方圆十里的学童吸引过来读书。1926 年，秦似考入县立小学读书。1929 年小学毕业，因县里唯一的中学（也就是现在的博白县中学）闹学潮，家人不放心，让他进补习班学习，第二年才考上初中。1931 年，博白发生李宗仁和朱为珍的混战，秦似与几位同学随人群逃难流浪，不久后才回到学校。1933 年夏，他考入玉林二高中。不久，他所在的班级被解散。1934 年，他考上了广州知用中学高中部读书。据说，他在高中期间，已经开始发表诗歌和文章了。1937 年抗日战争爆发，9月，秦似考上了在梧州的广西大学化学系。第二年，他随广西大学理工学院迁到了桂林。国难当头，热血沸腾的他已不能安心在书斋里读书，便投身轰轰烈烈的抗日救亡工作。1939 年春天，他到贵县中学教书兼做《贵县日报》副刊编辑；因发表了许多针砭时弊的文章而被辞退。此时，因父母离婚，父亲另娶妻生子另建家庭，不能再顾及家里，且因战乱物价飞涨，20 岁出头的秦似，担起养家糊口的责任。他带着母亲、曾祖母和弟妹在贵县开了三个小书店，名叫"抗战书报供应社"，代销和运送进步书籍，维持一家几口的生活。在这里，我们看到的是为国为家而勇于担当的秦似。

1940 年，秦似受夏衍先生的邀请，到桂林做《野草》的编辑，并参加中华全国文艺界抗敌协会桂林分会（简称文协桂林分会），此时他的姑丈冯培澜（笔名陈闲）在桂林高中教书，已是文协桂林分会理事会的候补理事（后在1940 年 10 月 13 日换届后当选为理事），与李文钊一起负责协会总务部工作。冯培澜后来在《广西日报》任副刊编辑。他们为桂林抗战文化城的繁荣辛勤笔耕和忘我战斗。

1944 年，日军攻下衡阳后直指桂林，秦似夫妇和秦似的堂姑王奇回家乡博白，一起进入博中教书，同时也有大批进步师生（包括中共党员）来到博白县中学教书、学习。1945 年 1 月，秦似与部分进步师生由张祖贵率领，到玉林福绵参加桂东南抗日武装起义。起义失败后，博白籍的人员撤回博白双凤，不幸被敌人包围，牺牲了十几个人。秦似随大部队向东平的六吊村撤退，途中掉队、迷路，他向南走到珊湖村时，得到群众的掩护，之后良荔村村民王大仁、王大伦兄弟俩把他藏匿在一个谷仓里，躲过敌人的一次次清乡搜捕。自从秦似离开博白县中学后，博白当局就贴出告示悬赏 500 元大洋活捉秦似和邹优宁、冯培荣（他是我的另一个堂叔爷）。六吊事件中，死了 20 余人。秦似被误认为已经牺牲，所以有人写悼念他的文章。他在东平农民家里躲藏至 1945 年 9 月，农民帮他找到在东平国民中学教书的妹妹王缉国，王缉国给了他几十元钱。两天后，他坐轿子转移到陆川，在一农户家藏了几天后，逃到合浦县石冲村、旺盛江村等地潜伏。国民党当局悬赏 3 万公斤谷子买他的脑袋，到处张贴布告通缉抓他。1946 年冬，他从湛江经广州逃到了香港，直到中华人民共和国成立后才回来。

二、文艺事业的引路人

中华人民共和国成立后，秦似非常关心家乡文艺事业的发展。20 世纪 50 年代初，他与冯培澜，一个在省文化厅工作，一个在省文联工作。省里组织的文艺培训班，总少不了博白的学员。据说，省（自治区）文联、作协曾在博白举办全省（区）的文学培训班，因此，20 世纪 50 年代至 60 年代初，博白文艺事业一直走在广西各县的前列。

20 世纪 60 年代，吕集义先生的七律《博白访绿珠故里》发表后，郭沫若、王力、邓拓、石兆棠、秦似、刘介、沈尹默、周瘦鹃、韦瑞霖、林半觉、陈铭枢、莫乃群等百人纷纷唱和，这些唱和诗由博白县文联收集，给博白的诗坛带来了生机。由吕集义精选 180 首编辑成《绿珠唱和诗》一书于 1966 年 5 月出版，成为当时广西的诗坛盛事。

1978 年 12 月 21 日下午 4 时，王力先生在博白县中学礼堂为学生作《学好语言，打好基础》的学术演讲。随行的秦似说，他在博白县中学读书时，语文老师韦碧海以博白名胜古迹诗词作为教学内容，效果很好，于是鼓励本地诗人收集地方名胜古迹诗词，编一本《白州名胜诗载》。后来，博白本土诗人陈国才编成了《白州名胜诗载》和《绿珠胜迹诗载》两本诗集，秦似为这诗集分别作了《序诗》，而王力则为此两本书题写了书名。

1979 年 11 月，博白决定召开博白县第四次文代会，恢复在"文革"中被撤销的博白县文联。会前县宣传部和文代会筹备组曾致电王力、秦似，特邀他们回家乡参加盛典，他们接到电话时都欣然答应回乡参加会议，后因故未能如愿。王力赋诗一首寄回，秦似则将他准备在会议期间做学术报告的文章《艺文丛语》寄回，给刚创刊的《南流》首发，以支持家乡的文艺事业。后来，此文在纪念《南流》创刊 30 周年时，再次在《南流》刊发。

1980 年，博白县文联创办《南流》内刊，是在秦似的指导下出刊的。他还出面邀请当时广西书协副主席、著名书法家李雁先生为《南流》杂志刊头题字，此刊头一直沿用至今。在他的帮助下，《南流》的首发式在南宁举行。两个月之后，秦似邀请了区内著名的艺术家阳太阳、涂克、林克武、罗立斌、古笛、毛正三、李雁等人来博白采风，并分别给博白的文艺工作者上课，指导他们开展文艺创作。

1984 年 3 月，秦似再次返回博白与博白文学工作者座谈。会上他作了《我是怎样走上文学道路的》的报告，1984 年《南流》第 1 期刊出了他的讲话录音稿，给博白的文艺工作者和爱好者很大的启发。

三、精神和风范永存

《南流》创刊以后，经常以经典回放的方式，刊发王力、秦似父子的文章，供文艺工作者和爱好者学习。1986 年，秦似逝世，《南流》刊发了夏衍先生为他撰写的墓志铭，以示纪念。《南流》还经常发表各界人士有关王力、秦似的诗文，以表示家乡人对他们的景仰和怀念。

2016 年 7 月，博白县向全国发出了纪念王力 116 周年诞辰征集诗稿启事，收到全国各地发来的诗歌楹联上千首（对），我们精选出其中 107 首录入《博白县诗词选集》。《博白县诗词选集》收录了博白历代诗人的诗词，其中有晋代美女绿珠的《懊侬歌》，著名女诗人朱玉仙的 79 首诗词，王力的 103 首诗词，秦似的 109 首诗词，等等。另外，我们每年出版的《白州诗联》也经常发表王力、秦似父子的诗词，为对青少年进行传统文化教育提供宝贵的素材。

为弘扬王力精神，用王力精神育才造士，1993 年，博白县委、县政府将城厢高中更名为王力中学；2003 年，又把王力中学升格为县级重点中学，面向全县招生，为社会培养了不少有用的人才。

同时，县委、县政府十分重视王力先生的学术成就和在海内外的影响，决定将王力的故居修复，使之成为青少年德育和爱国主义教育基地，成为富有文化和地方色彩的人文景观。2003 年 12 月 5 日，王力故居修复工程竣工，并对外开放。这座具有南方客家民居建筑风格的民居，除设"龙虫并雕斋""翰墨碑林""王力出生地""王力著作室""王力会客室""花厅院落"外，还特设了一间"王缉和（秦似）出生地及展室"，专门介绍王力、秦似两位大师辉煌而不平凡的一生。县里特设博白县王力故居管理所专职管理该故居。王力故居被县市两级定为重点文物保护单位、未成年人思想道德建设教育实践基地、爱国主义教育基地。近来，为发挥王力故居更大的功能，扩大王力精神的影响力，博白县政府正拟将它扩建升级为 3A 或 4A 级风景旅游区。王力故居体现了一方水土对王力、秦似两位先生成长哺育的烙印，凝聚两位先生对故土家园和祖国民族文化的深厚情感，蕴含两位先生学术事业的风采和魅力，是中外学人追思和缅怀文化先贤的宝地。

回忆我的阿公秦似

吴今盛[①]

　　泛黄的黑白照片中，一位穿着中山装的花甲老人在眺望远方，炯炯有神的双目，深邃得像静谧的大海，又坚定宛如巍峨的高山。他就是我的阿公秦似，是我最敬重的长辈。从我记事的那天起，我便记得那张脸。脸上的皱纹透着岁月的沧桑，但阿公的眼中却映出与这张脸极不相称的坚强。我2岁起，阿公秦似和阿婆陈翰新就负责照顾我，我和姐姐的名字也是他起的，取兴盛之意，寄寓了对祖国繁荣昌盛的坚定信心和对我们奋发的期望。1972年阿公写的《见孙》，充分表达了这种心情：

　　　　我系本单薄，今始一甥逢。二岁来就我，盎然见青葱。门牙才出齐，胎发尚似蓬。意态能动人，时若对春风。出语特玲珑，铲沙学铺路，迭木叫做工。最羡开火车，吱喳吱吱喳。画报看不厌，铅笔常无踪。学画也学车，长列如飞龙。阿姨教认字，先识一个中，写来都歪倒，回回全不同。

---

① 吴今盛：秦似外孙。

最怜尔学步，如怕践蚁虫。时或有蹉跌，咿呀叫阿公。体操真绝倒，
摆手又鞠躬。一听广播响，学唱东方红。虽赖生盛世，仍待经雪风。
雨露岂可恃，百炼始为功。人呼萝卜弟，姓名全皆空。吴下难着字，
最佳乃阿蒙。念汝成长日，我已白头翁。

　　我5岁时，阿公对我逐渐严厉起来。他开始手把手教我写字，一开始用铅
笔练，会写之后又练毛笔。我5岁多时他教我背诵《唐诗三百首》，告诉我说
"熟读唐诗三百首，不会作诗也会吟"。刚开始我会的字不多，主要是他念我跟
着背，学不好他就打我的手掌。阿公晚上经常和我一起睡觉，睡前总是说些小
故事给我听帮助我入睡。记忆中大多是战争年代他们惊心动魄的经历和桂东南
起义打仗的故事，有时也说一些历史典故，我总是听得津津有味而后慢慢睡
着……到读小学时我已经掌握了很多唐诗和宋词，小学五年级开始有几篇记叙
文和诗歌得到发表，后来我顺利考上了省内数一数二的重点中学和大学。

　　在平时生活中，我阿公经常教育我们："不搞投机取巧的东西，做人要堂
堂正正""做人做事要问心无愧，要学会感恩，付出不是为了回报，工作应当
努力向上……"他经常批评奢侈、浪费等不良社会风气，提倡简单生活。他家
中除了大量的书籍和一些字画外，没有奢华的家具。这种朴实无华的生活方式
深深影响了我们。他在组织面前不提个人利益，工作和待遇都听从组织安排，
从不计较个人得失；他从不炫耀自己，更不会以自己获得的荣誉要求组织给予
丝毫特殊待遇，认认真真做事，老老实实做人。儿时的经历和阿公孜孜不倦地
教诲，为我的学业和事业的发展打下了坚实的基础。

　　多年来，阿公一直都是我心中的至亲，我想通过文字来缅怀他，感恩他，感
谢他陪伴我们走过一段美好的青少年岁月。阿公这样一位朴实无华、无私奉献的
好党员如今离世已多年，可我却时常怀念他那坚定的眼神，怀念他教导我吃水不
忘挖井人时的语调，怀念他勉励我要好好学习认真工作时透出的期许。他那种大
无畏的革命精神、无私奉献的精神，以及乐观开朗的性格影响教育了我。在以后的
生活和工作中，不管遇到多大的困难，我都要像阿公那样，乐观开朗，奋勇前行。

纪念秦似百年诞辰诗词①

步韵秦似先生《怀绀弩》

陈登岳②

慷慨悲歌心枉然，相怜同病苦连年。

千秋公论平生义，万世冤情傲骨仙。

句句新词皆是血，团团噩梦竟成泉。

唯将悯国忧民泪，洗尽江山沧海边。

附秦似原玉：怀绀弩③

绀弩出狱并寄书来，余悲喜交集，恨不
能即见，感慨赋此。1976 年 10 月 11 日记。

重睹音书泪黯然，十三行字十三年。

性情还拟嵇中散④，遭际差同李谪仙⑤。

---

① 作者按：本次所收诗词除最末秦灵武、盘桂生两首及附录秦似
原诗四首之外，其余诗词作者均系广西师范大学读书岩诗社成员。

② 陈登岳：福建福州人，桂林诗词楹联学会理事，广西师范大学
读书岩诗社社长、总编。

③ 绀弩：聂绀弩，著名作家。抗日战争时期与秦似同编《野草》，
与秦似有师友之谊。1957 年被错划为右派，嗣后又被诬入狱。

④ 嵇中散：嵇康，三国时魏国文学家。为人尚奇任侠，刚肠嫉
恶，锋芒毕露，文章嬉笑怒骂，锋利洒脱。有《嵇中散集》十卷传世。

⑤ 李谪仙：指唐代大诗人李白。

苦恨莺莺添白发，伤心燕燕赴黄泉①。

萧笙四海歌新政，更怕山阳过耳边②。

步韵秦似先生《吊绀弩》

陈登岳

化鹤归来非是梦，别时泪水恨推科③。

宁浇碧血酬知己，岂屈豪权降鬼魔。

回首墓台风雨少，凭栏净土故人多。

天涯涕泗长高谊，久望京华慷慨歌。

附秦似原玉：吊绀弩

早岁从军黄埔港④，壮年留学莫斯科。

未凭履历要高爵，漫把文章降障魔。

野草操矛风雨晦⑤，北荒吟咏慷慨多⑥。

艳阳普遍神州日，痛为先生谱挽歌。

---

① 燕燕：海燕。秦似原注云："绀弩有一独生女，名海燕，于绀弩出狱前三月自杀，竟不及聚首。"

② 山阳：秦似原注云："山阳，指山阳笛。正始七子嵇康、阮籍等常聚于山阳，其后向秀复经此地，闻笛声，感而作《思旧赋》。"

③ 推科：审问判罪。

④ 黄埔港：借指黄埔军校。聂绀弩曾从军北伐，入黄埔军校。

⑤ 野草：《野草》月刊。

⑥ 北荒：北大荒。聂绀弩曾在北大荒劳动，以散宜生名，写了许多优秀诗篇。

步韵秦似先生《悲田汉》

陈登岳

称王魑魅闹东华，似狱牛棚且作家。

颠倒是非红小鬼，混淆黑白伴流霞。

凄惶乱世泪参酒，困顿秦坑尿混茶。

义勇军歌摧铁骨，人间六月雪如花。

附秦似原玉：悲田汉

四届文代会上，与田洪（田汉三弟）老重叙，因知田汉师受折磨至死情况，回念前尘，无限悲恸。1979 年 11 月 14 日记。

人妖颠倒乱中华，悲剧生于戏剧家。

南国风雷犹昨日①，北京霜雪掩朝霞。

光天竟指鹿为马，暗室难堪尿作茶②。

安得洛阳纸千卷，为君谱写断肠花。

纪念秦似先生百年诞辰

南　谷③

一丛野草国之翰，文汇华章誉论坛。

宦海凭心抒正气，征程岂顾恋邯郸。

---

① 南国：秦似原注："田汉在上海组织之'南国社'，乃中国话剧运动的前驱。"

② 暗室：囚室。秦似原注云："田洪（田汉三弟）云，田汉有糖尿病，在狱中备受折磨，甚至尿胀亦不得解，遂不得以解在脸盆内，监守者竟迫他喝下肚去。"

③ 南谷：原名叶菲菲，广西宜州人，广西师范大学退休教师。

研辞切切诗音韵，集雅拳拳百姓安。

雾散云消风净后，英魂笑映桂花丹。

思佳客·秦公宏论曜豪华

黄绍清①

据悉：《中国杂文》系列丛书选五十位当代作家，每人一部杂文，五十篇左右。秦似文集中的文章有事实，有根据，有分析，有理论，有文采，是非常优秀的杂文。

当代杂文五十家，秦公巨著曜豪华。作家二例虚怀纳，感觉响音传万家。时恋集，笔生花，投枪在岗位争哗。启人才智甜酸辣，况味无穷遍海涯②。

《野草》赞（二首）

黄绍清

杂文史上一丰碑，野草生生叶翠葳。

抗击狂风经暴雨，山城亮剑显神威！

一杆投枪激风雷，万支匕首斗雄魁。

春回大地生新绿，韧战精神百世垂！

---

① 黄绍清：广西上林人，广西师范大学文学院教授，硕士研究生导师。
② 作家二例、感觉的音响、时恋集、在岗位均为秦似杂文篇名或书名。

秦似先生百年祭

石兰香①

书生意气扬，野草露锋芒。

字字如尖刃，篇篇似猎枪。

抗倭寒敌胆，授业热心肠。

坎坷超然对，悠悠浩气长。

步韵秦似先生《游勾漏洞》

李文豪②

都峤勾漏妙连通③，天地洪荒播远踪。

曲径深岩藏胜境，丹炉火灶罩空蒙。

潭澄浪碧寻霞客，石屹苔青忆葛洪。

今日北流光景好，马龙车水任西东。

附秦似原玉：游勾漏洞④

勾穿四洞喜连通，玉阙桃源任远踪。

石乳凝脂争美妙，暗河流水入空蒙。

何妨游兴追霞客，却有幽怀忆葛洪。

来日应看车马盛，招邀高客海西东。

---

① 石兰香：福建武平人，广西师范大学退休干部。
② 李文豪：广西容县人，广西师范大学退休教师。
③ 都峤即容县的都峤山。
④ 勾漏洞：北流县城郊勾漏山中的洞穴，为旅游景点之一。

纪念秦似先生百年诞辰

李新仪①

救亡桂地聚才珍，野草多刊贯耳名。

进步先声催后浪，着文大义扭乾坤。

谏言击筑悲嵇阮，九死难辞炼玉魂。

欲向初心追似昨，百年冢上草青青。

纪念秦似

李致音②

生于八桂俊彦奇，禀赋天然笔若驰。

野草如潮推世弊，杂文做剑斩顽痍。

书生热血添鹰羽，勇士文风鼓战旗。

劲骨传薪身等著，千秋德品后人师。

忆秦似在桂林

刘　逸③

腥风血雨忆当年，文化名流聚此间。

笔伐口诛驱日寇，凛然浩气贯长天。

---

① 李新仪：广西桂林人。

② 李致音：广西桂林人，桂林诗词楹联学会理事，桂林女子书法家协会常务理事。

③ 刘逸：广西资源人，广西师范大学附属外国语学校退休教师。

难忘恩师秦似先生

秦灵武[1]

醍醐灌顶永思量，难忘恩师情义长。

叠彩黉中传圣道，紫金山下谱华章。

栽桃育李耕耘苦，继宋承唐翰墨香。

学富五车人敬重，心贻国粹待弘扬。

为秦似同志诗一首

盘桂生[2]

创业守成均不易，文化城里谱新篇。

齐心协力创文明，红旗飘扬意志坚。

祖国山水多锦绣，日新月异更空前。

各行各业都兴旺，大师含笑在九泉。

---

[1] 秦灵武：1938年生，广西临桂人，临桂党校原副校长。

[2] 盘桂生：瑶族，广西灵川人，历史学硕士，桂林师范高等专科学校副研究员，主要从事中国近现代史研究。

王力、秦似父子的
治学精神与道路①

王小莘

　　中国现代文学界与学术界中，父子一起享有盛名的情况不多见，而广西博白县岐山坡人王力、秦似（原名王缉和）就是这样的一对父子。他们的治学与成就，也有相近之处，都被公认为教授、学者、教育家、散文家、诗词家、翻译家。当然在学术影响方面，父亲比儿子要更大更远；而在投入抗战文学战线和革命斗争方面，儿子比父亲的贡献可以说要多一些。人们称秦似是王力的哲嗣。

　　王力是中国现代语言学的奠基人之一，汉语言学的一代宗师，著作等身，在国内外知名度都极高，在语言学界提起他的名字，无人不晓，许多人竖起大拇指赞扬。他先后在清华大学、燕京大学、西南联大、中山大学、岭南大学、北京大学担任教授，是中国科学院学部委员、全国政协委员、中国文改会委员、国

---

　　① 该文为秦似独生女王小莘于 2009 年 4 月在广西大学中文系作讲座的文稿。应秦似女婿、王小莘丈夫吴智棠先生之请，特将该文收入本纪念文集。

家语委顾问。他桃李满天下，他的学生许多成为汉语言学界的著名学者，高校的骨干、中坚。

秦似 20 世纪 40 年代在抗战文化城桂林，参与创办了中国现代第一份进步杂文专刊《野草》，《野草》当时产生了很大的影响，成为国统区极为畅销的杂志之一，后来被国民党反动派查封，1946 年又在香港复刊。《野草》办刊先后历时 9 年，形成《野草》杂文派，成为抗战时期一个在国内外具有较大影响的杂文流派，足以和"现代评论"派、"语丝"派、"论语"派、"鲁迅风"派等现代文学流派并提。秦似后来在香港任《华商报》译电员，并与茅盾一起，任《文汇报》副刊主编。秦似还参加过中国共产党领导的武装斗争，是个驰骋过文武两条战线的革命者。中华人民共和国刚刚宣告成立，秦似就随张云逸的部队回到广西，一直服务桑梓，先后被选为广西文联、广西作协副主席，广西政协副主席，中国作协、中国语言学会理事。

他们的成就是怎样取得的呢？有人可能以为他们的家境很好，条件优越，所以成才。其实不然，他们都是偏僻农村的孩子，成才是艰苦奋斗、刻苦努力的结果，他们用毕生证明了"天才出于勤奋""一分耕耘一分收获"的名言的正确。父子的成才之路有些方面相当相近，值得我们学习借鉴，下面我着重谈谈几点：

一、以自强不息的精神，走自学成才之路

王力的祖上虽然出过几个秀才，属书香门第，但从来没人真正当过官，且到王力少年时，家境已经破落，从他念小学起，家里就连点煤油灯的煤油也难买得起了。到了秦似时，家庭更加贫困，加上母亲特别节省，孩子们用煤油灯看书觉得心疼，要用也是将灯调到最小。玻璃灯罩烂得像狗牙一样，秦似一次不小心划伤了手，一直到老年，还留有一道蓝色的印子。

王家有个祖上留下的小小的藏书阁，四书五经和《三国演义》《红楼梦》《水浒传》《西游记》《七侠五义》等章回小说都有。王力、秦似父子童年、少年时都受到很好的文学熏陶，打下了文学根基。但因为家境清贫，甚至到了春

夏要把冬天的棉被送进当铺的地步，王力小学毕业就失学了。他曾经开过杂货店，但不是经商的料子，很快亏了本；又去学织布，因眼睛近视，也没学成；还去当过小科员。但强烈的求知欲，奋发的精神，促使他在困境中刻苦勤奋、努力自学，经常读书到废寝忘食的地步。母亲说他是个"书痴，蛀书虫"。后来王力就在村里开了个私塾，教自己的弟弟和几个村里的孩子。王力教书教得很好，对联、缀句（命题限定首尾两个字及字数，平仄，有填句人填出中间的字以成句）比赛又常常获奖，引起县里绅士们的注意。如王力在"一○○○○○○○○○心""大○○○○○○○○○生"的句式中，填的是"一瓯百缺，支那现象最伤心""大兵燹后，百姓无家问死生"，获得县比赛的冠亚军。名士李荫田把王力请到自己的家乡大车坪当家塾教师，那年王力 20 岁。这是李氏家族十多户人家合办的家塾，由各家轮流负责王力的伙食。一次，他到一个学生家里吃饭，走过一间空房，看到杂乱堆放的 14 个书箱，其中经史子集、天文地理、医卜星象俱有，他如同发现了珍宝，流连忘返，于是向主人借阅。原来这是主人当过清朝贡生的父亲留下的书，一直闲置，主人答应借给王力，并同意他搬回家去看。王力于是辞职回乡，孜孜不倦、夜以继日地埋头攻读，并带动岐山坡村成了"读书村"。王力把这一年称为自己"一生中的一个转折点，从此才知道什么叫学问"。他由此走上了自学成才的道路。他在"李氏开国校"执教 3 年之后，在校长和同事们的支持鼓励下，到了上海，以小学的学历考取了私立南方大学的国学专修班，后又转入国民大学中文本科。两所学校只读了两年，就考入北京清华国学研究院，一年之后又留学法国巴黎大学，取得博士学位，走上了语言学研究的道路。王力留学法国，经济上很困难，靠在南洋开小药店的父母及教书和摆摊的弟妹支援，还要向亲友借钱（回国后多年，债务都还没还清），但他想办法克服困难，一直坚持完成学业。

秦似虽然 10 岁开始给文学刊物《小朋友》投稿，初中毕业就发表散文，在广州知用中学读书时走入了诗歌的殿堂，并遥领香港《循环日报》副刊编辑，但由于他当时认为中国之所以受列强欺负，是因为科学落后，在读书救国、科学救国的思想的影响下，他考大学报考的是理工科，不过在广西大学化学系只读了一年。他学习成绩优异，校长马君武曾鼓励他走留学的道路，但抗日战争爆发，打破了他读书救国的迷梦，他毅然中止了学业，奔赴抗日文化城桂林，投入了抗战文化战线的工作。夏衍、聂绀弩、孟超、宋云彬、秦似五人一起，创办了中国现代第一家杂文专刊《野草》，被称为《野草》五君子，秦似成了《野草》最年轻的编辑与台柱。《野草》继承、发扬了鲁迅先生杂文的战斗精神与风格，宣传抗战、革命与进步，抨击黑暗社会，文章短小精悍，精警活泼，针砭时弊，辛辣深刻，深得读者喜爱，并受到毛泽东、周恩来等中共领导的注意。秦似自己也以《野草》为主要阵地，发表了大量杂文、译文，跻身于杂文大家、翻译家之列。这个初生牛犊由此名列中国现代文学史册，与文学结下了终身不解之缘。这位理工科学生走上文学道路，靠的是革命热情与自学精神。

他到桂林之前，先是在贵县办了一个抗战书报社，帮助中共领导的桂林生活书店进行销售和转运进步书刊，于是有机会读到了从上海运来的《鲁迅全集》，这对他产生了终身影响。这个过去只零零星星地读过一些鲁迅文章的年轻人，得以系统地阅读《鲁迅全集》，高兴得难以形容。他一篇一篇爱不释手地读下去，越读越兴奋，越读越激动。鲁迅文章深深吸引了他，尤其是以前读不懂的杂文，这次读来尤其喜爱，他贪婪地读了一遍又一遍，反复品味、捉摸，不知不觉地受到了鲁迅作品的熏陶与感染，很快就吸取了鲁迅的战斗精神和文风笔法，写起杂文来，走上了以笔作武器，投身抗日救亡的革命道路。他给《救亡日报》投去的署名秦似的第一篇杂文是《作家二例——谈佛列达屋地利与赛珍珠》，受到该报总编夏衍和编辑们的赞赏与重视，三天即予以发表，并两次在《救亡日报》刊登寻人启事寻找秦似，促使他来到桂林。秦似也成了他终身的笔名，以后他以笔名行世，王缉和的真名反而鲜为人知了。

王力说："自学成才是我们中国的传统。"秦似说他觉得自学的东西记得最牢，最有用。父子的经历，说明只要自强不息，路是可以靠自己闯出来的。

二、刻苦勤奋的精神、顽强的毅力是成功的保障

王力、秦似父子治学之路，证实了"宝剑锋从磨砺出，梅花香自苦寒来"的道理。你若想取得超人的成就，就要不怕苦，不怕付出超人的辛勤努力，要珍惜时间，和时间赛跑。

王力是极为珍惜时间、争分夺秒的人。他年逾七旬，仍然坚持每天工作七八小时，还要应对许多社会工作与活动。常常外出回来，离吃饭只剩半小时，甚至十几分钟，他也要坐到书桌前，继续他的研究和写作。在享有盛名的晚年，他并不止步，仍然坚持学习。80多岁了，他还几乎每天早起后和晚睡前都要听收录机坚持自学俄语。这个本来连英语都不懂的人，后来掌握了两三门外语。曾经流传他在法国餐馆一次叫了四个汤的故事，其实一个人不可能一下喝进那么多汤，他也没钱一次叫那么多汤，他只是把上餐馆点菜当作了学习法文的机会，点一道，记一个法文，又改点一道。这也说明他抓紧一切机会学习，所以很快就过了语言关。

很多人遇到一点干扰，就收不回心来，但王力无论遇到什么事情，怎样繁忙，他都专心致志地治学。在庆祝王力学术活动50周年座谈会上叶圣陶朗读的贺词《水龙吟》中有句云，"今古语文深究，矻孜孜，浑忘昏昼"，这确是写出了王力过人的刻苦。吕叔湘则号召大家学习王力先生专一的精神和不浪费一分钟的精神。

秦似7岁时，王力就离开了家乡，他自小得到父亲的教导不多。只是从小喜欢马，他识字的第一个字，就是父亲教会他的"马"字。父亲给予他的，更多的是潜移默化的影响。他和父亲一样，有深深的爱国热忱，强烈的上进心，不怕艰苦困难的顽强毅力。他的社会工作、行政事务很多，但"文革"前和打倒"四人帮"后，在报纸上开辟的专栏有四五个之多，写下的杂文、随笔、语文杂谈之类的文章大约有200篇，还写了不少专著，主编了许多部丛书。如果不是见缝插针，时间抓得很紧，这是做不到的。他在病入膏肓之际，还在写作，绝笔《友情难忘录》就是在病榻上写的，可惜没写完，因为医生护士不让他再动笔了。秦似夫人说"秦似是累死的"，这话不无道理。

秦似考初中毕业试时因为英语差两分，没有拿到毕业证书。可他后来在桂林文化城却翻译了几十万字的外国进步文学作品，和庄寿慈合办了《文学译报》，他们合译的获诺贝尔奖的美国作家史坦陪克的《人鼠之间》，中华人民共和国成立后又重版。他说自己是一个"翻字典的翻译家"，但不仅一般的英语，而且一些外国的方言土语他也译得很好。秦似被誉为是近百名知名翻译家中的一位，《中国现代翻译文学史》上也提到他的名字。他完全是靠勤奋、勇气及良好的中文修养取得成功的。他的杂文写作和翻译，都是在极其艰苦的生活环境下进行的。当时日军入侵，国难当头，国民党腐败，物价飞涨，连饭都吃不饱，有时只靠红薯充饥，他"穷且益坚，不坠青云之志"的精神足见。1979年，秦似当选为广西外国文学研究会副会长。

王力、秦似父子在"文革"中都是被冲击的重点对象，但他们并没有消沉，"文革"一结束，又以加倍的精力投入工作；甚至在"文革"中，只要有一点可能，也要继续自己的事业。他们无论遇到什么困难，都没有停止前进的步伐，具有一种百折不挠的精神和意志。

梁启超说过，"有毅力者成，反是者败"。志气和毅力，刻苦勤奋，是成功的关键。王力、秦似为了实现自己的理想、目标，永不衰竭的顽强奋斗的精神，是很值得我们学习的。

三、博与专相结合，普及与提高相结合

博和专、普及和提高是对立统一的。如博与专，知识要广博，在博的基础上求专，基础就要扎实，好比地基打牢了，才能建高楼大厦。王力、秦似都是在博的基础上专得很深的，尤其是王力，专的高度一般人难比拟。

王力、秦似父子其实都可算是杂家，学者与文学家兼于一身，学术和文学上又都是多面手。但他们的专长又非常突出，造诣、建树都很高。

王力的书房叫"龙虫并雕斋"，就是学术论著与文学作品、大著作与小文章一起写的意思。他首先是语言学家，在中国甚至世界语言学界是首屈一指的权威专家。他在音韵、训诂、词汇、语法、诗词格律等语言学各个领域都有所

建树，都有系统的专著。但他也是散文家，《龙虫并雕斋琐语》就是其小品文的结集。该文集虽也谈风花雪月、人情世态、日常生活，但寄寓着爱国的情怀和对时弊的针砭，展现了抗战时期社会生活的真实画面，辞章优美、语言生动，成为学者散文的代表作之一。他既写《汉语音韵学》《汉语诗律学》《汉语史稿》《同源字典》《中国语法理论》这样的几十万字的学术巨著和《上古韵母系统研究》之类极高深的文章，又写《音韵学初步》《诗律学十讲》《字的形音义》《谈谈广东人学习普通话》之类普及型的册子，还有像《汉语发展史鸟瞰》《从语言的习惯论通俗化》《把话说得准确些》之类面向大众的文章。《王力论学新著》主要收的是普及性的文章。他很注意著作的社会性、实用性，注重汉语规范化，提出要为纯洁祖国的语言文字，提高中华民族文化水平而奋斗。

秦似被誉为是继承鲁迅的杰出杂文家，青年时期、20 世纪 40 年代，就以刺向国内外法西斯和反动派的战斗杂文闻名；中华人民共和国成立后又写了一批歌颂人民和新中国的文章，"文革"后又写了许多针砭时弊的文章，都很有影响。读他的文章，可以感受到他知识丰富，具有对历史典故信手拈来的本领。有评论认为唐弢、秦牧、秦似的杂文是知识型的杂文。秦似的散文也写得很好，散文诗《幼林》曾选入人民教育出版社出版、全国统编的初中语文课本，《同志相称今昔谈》选入上海教育出版社编印的高中语文课本。他的中外游记笔触优美，简直是"韩词柳笔"，有唐宋八大家的韵味。他还写小说、戏剧，中老年还致力于学术研究。为了适应高校教学的需要，他不顾自己名作家的身份，40 多岁还到北大进修音韵学，连当时北大中文系主任杨晦和茅盾先生都感到惊讶。在普通人连入门都难以做到的短短一年间，他就掌握了音韵学这门"绝学"的要领，成为他以后的学术研究的基础。他不仅在广西师范学院（今广西师范大学）、广西大学开了音韵学课程，还写出了《现代诗韵》《汉语词族研究》等学术专著。《现代诗韵》很有实用价值，为广大文学工作者、爱好者写诗填词提供了一本便捷有用的工具书。他的专栏《学字小记》，都是普及训诂学知识的雅俗共赏的文章，他主办的刊物《语文园地》，发表的文章也是遵循普及与提高相结合的原则。他还多次给中学老师、中学生讲怎样学习语文和怎样写文章等。秦似教育女儿和学生要通读《鲁迅全集》和《史记》，有时间再读《资治通鉴》。他认为文史不分家，读书要广博。

王力、秦似都擅长吟诗作词，是诗词家，父子俩的诗词算得上是现当代一流的，有人将秦似的诗词誉为"诗词之龙"。王力的诗词，结集为《龙虫并雕斋诗集》；秦似的诗词，编选为《两间居诗词》，后收入《秦似文集·诗词卷》。

王力、秦似又是书法家，他们的诗词和字都留有在桂林等地的风景区。如叠彩山山门有王力的题联：

> 过五岭近月牙，秀水花桥竞秋色。
> 傍七星邻象鼻，层峦叠彩占春光。

叠彩山山门后的清风洞柱子上有秦似的题联：

> 登临爽气此间生，且喜江山多丽色。
> 回首展痕何处是，唯留天地一奇观。

桂林月牙山上小广寒楼留下王力 138 字的长联，防城港曾悬挂秦似亲笔写的防城港诗等。

王力、秦似也是翻译家，秦似的译作上文已提及，王力译著多达 20 多种，多是法文译著，其中有小仲马的《茶花女》《莫里哀全集》，及莫洛亚、左拉、乔治桑、纪德等作家的名著。他早年还写了《罗马文学》和《希腊文学》，可见他外国文学的不凡修养。他的翻译大多由叶圣陶在商务印书馆出版，他和叶老亦因此成为至交。

这对父子多才多艺，又各有重点与特色。王力是语言学家兼文学家，秦似是文学家兼语言学家，他们在博与专相结合上都堪称典范。

四、理论与实际相结合，走开拓创新的道路

做学问必须以正确的理论为依据，然而只有理论，不用理论来解决实际问题，就会成为空头理论，是很不够的，必须做到理论与实践相结合。

王力在法国学的是西方语言学理论，这在当时是先进的语言学理论，在中国还很新鲜。而他青少年时所受的教育，包括自学的 14 箱书，甚至在国学院，学的是中国传统的小学，习古文、吟诗作对、文字训诂之类。如果他只把西洋的一套搬回国，或者靠传统小学的功底，教教书是可以的，但绝对不可能成为中国语言学的奠基人、语言学大师。他走的是一条借鉴西方语言学理论，从汉语实际出发，研究和解决汉语的规律及应用问题，审视总结、利用前人的成果，不断开拓、创新的道路。

王力在巴黎大学就读时的博士论文《博白方音实验录》，就是用实验语音学的知识，研究自己家乡的方言的。博白地佬话有 10 个声调，入声有 4 个声调，是汉语声调最丰富的一种方言。他这篇将西方语言学理论应用于汉语实际的论文，最早对博白方言进行了研究、描述、分析、总结。可惜论文是用法文写的，至今没有翻译，存在北京大学。20 世纪 40 年代，王力曾经在越南工作一段时间，又写出了《汉越语研究》。他是中国诗律学的奠基者，并进行诗词创作，蔚成大家。

王力开创性的建树很多。1946 年，他创办了我国第一个语言学系——中山大学语言学系，他的《古代汉语》教材，20 世纪 70 年代由中华书局出版，直到现在依然不断重版，30 多年了，许多高校仍在使用。这套教材创建了文选、通论、常用词三结合的体例，这也贯彻了理论与实践相结合的原则。通论讲的是古汉语的规律；常用词是讲词义、各时期词义的变化，引词例，贯穿着历史发展观；文选是典范的古文。可以说这个科学的体系至今还没有人能够超越。除了《古代汉语》教材，王力还先后创建了"汉语史体系""中国语言学史体系"，及古音韵研究的方法、"汉语同源词"研究的理论与方法等。他总是在开拓、创新中前进，他不墨守成规，主张超越、修正师说，坚持真理。

王力说："科学研究并不神秘，第一要有时间，第二要有科学头脑。"时间

靠抓紧，靠挤出来；科学头脑是要有正确的研究方法，充分占有材料，从中提炼出正确的、能推动学术发展前进的观点。这两方面王力都做得很好。他开创了那么多新学说、新体系，真不容易，贡献巨大，令人景仰、钦佩！

秦似也反对陈陈相因，主张不要只"拾古人的唾余"，而要推陈出新。他提倡创新的文章不少，如《关于创新》《再谈创新》《"新"辨》《现代杂文与创新》等。他写文章也尽量避免人云亦云，努力追求独立发现和新的见解。他提出要正确解决好继承和创新的关系，要在继承的基础上创新，如诗话、词话之类，是一种旧形式，从宋代以来沿承了上千年。秦似秉承了旧诗话、词话言简意赅、零星杂谈的形式，但说了许多"前人未说过的话"，"抒一己之见"。读秦似的《两间居诗词丛话》，你会有一种"映眼新"的感觉。如对李商隐的诗、对宋人的袭句、关于杨贵妃的籍贯等等，他都有新说。

秦似的《现代诗韵》也是从理论与实践相结合的角度选题。他学习了音韵学，怎样学以致用？诗词在中国是影响广泛的传统文学，秦似既写新诗也作旧体诗词，对诗韵有实际运用的知识与体验，于是他开始了这个选题的撰著。这本诗韵沿承了民间通用的十三辙的韵部系统，又根据历史情况和方言状况，作了宽严的区分，分为十三部十七韵，并把平声字和仄声字分列，又在入声字下面作了记号，十分实用。美国逊那大学汉学家 T. 赖特教授 1979 年撰写评介文章，在《中国语言学报》上发表，说这本《现代诗韵》，"是 1966 年至 1975 年间中国出版的有关语音史方面的寥寥无几的研究成果之一"，认为这"是一本代表了《切韵》光辉传统的最新韵书"。赖特把自己的文章寄去给王力先生，向他推荐这部著作和作者。王力看了开怀地笑了，说"赖特不知道，这就是我儿子"，又把信转寄给秦似。王力对儿子的一些创见也表示赞赏。秦似知难而进，到了一般人早已退休的晚年，又进行汉语词族的研究。词族是比诗韵、同源字还更复杂的一个高、精、尖的研究课题，需要的专业知识更加深广，研究更难推进。秦似把自己的计划告诉父亲王力，王力对他说，难度很大。但秦似毫不畏惧，很快就在《语文园地》第 30 期发表了《汉语词族研究》的前言和第一节，随后在各期连载，直到他逝世的前一个月，已发表了 16 节，上十万字。可惜这个研究未能完成，如果天假以年，使秦似得以完成研究，那影响可以想见。但秦似不断攀登，勇于开创的精神足见。

以上只是概括了王力、秦似父子主要的、突出的治学精神与道路，谈得不全面，也不一定妥当，但我想他们的高尚品格、学者风范已可见，可以供我们学习之处也显然已明。希望两代先行者的精神，能引领青年的朋友们在追求和实现理想的征程上奋勇前进！

"从来南国多芳草，更植繁花映白云"

——秦似先生的教改观念与实践①

梁　扬②

1979 年 9 月，秦似先生应陆川县友人之邀题写《祝〈九洲江〉创刊》诗二首：

其一

春到人间气象新，九洲江畔碧如茵。

从来南国多芳草，更植繁花映白云。

其二

转益多思善继承，喜看文苑育新英。

长江后浪催前浪，万丈风波浪里行③。

秦先生在诗中对"文苑育新英"的若干见解，其实也体现了他对教育教学改革的一些想法。本文从

① 本文写作过程中，承蒙张兴劲、陈耀松提供资料，李建平、李希跃、梁克虎校阅全文，谨致谢忱！

② 梁扬：广西德保人，广西大学教授，广西大学文化与传播学院原院长兼中文系主任、广西语言文学学会会长。

③ 秦似. 两间居诗词 [M]. 陆川：陆川县文联，1980：52.

"学生眼中的名师"视角，略述秦似先生的若干教改观念与实践。

一、更改专业名称，并对教学内容和方法进行改革

部分高校在"文革"时曾长期被迫停课、停止招生。1971 年，广西大学恢复招生工作，开始招收"工农兵学员"入校，但仅限于理工科专业。次年，才成立中文系，设置文学创作、新闻写作、理论写作三个专业并招生。从所设置的专业名称看，突显了偏于实用的育才目标。首任系主任是鲁迅研究专家王士菁先生，秦似老师为副主任。我们这批恢复高考后的第一届新生（即 1977 级）入学后不久，秦似老师任系主任。在教学管理上，秦老师着重抓了两项工作。

其一是按照教育部《本科专业目录》的规范性要求更改专业名称。1977 级学生入学时，专业名称仍为文学创作、新闻写作、理论写作，进入大二后，三个专业分别更名为中国语言文学、新闻学、哲学专业。当时我们听说，一部分老师反对把文学创作专业改为中国语言文学专业，有的言辞还很激烈。例如有一位名气很大的老师就当面指责秦老师"唯上面旨意是从"。但秦老师在耐心做说服工作的同时，力排众议执行教育部的规范化要求，更改了这三个专业的名称。我还了解到一个细节，其实《本科专业目录》里也是没有"中国语言文学"的，只有"汉语言文学"这个名称，但有的老师说广西是壮族自治区，这个专业也要结合讲一些"壮语言文学"，改成"中国语言文学"才准确。我猜想秦老师是接受了这个建议并上报了的，因为后来我们的课表乃至毕业证书上的专业名称即为"中国语言文学"了。

其二是正本清源，对原来的人才培养目标、课程设置、教学内容和方法进行改革。由于"文革"的影响，1971 年恢复招生时学制缩短为三年，次年又改为三年半。1977 级学生入学后，学制恢复为"文革"前的四年。为了响应学校"正本清源抓教改"的要求，秦老师提出："要克服以前教学中的无政府状态，改变那种片面强调'开门办学'，把过多时间用在下乡下厂劳动锻炼，忽视基础理论教学，甚至把基础课化整为零的做法。"在他主持下，对原来的人才培养目标、课程设置、教学内容和授课方法进行了力度很大的改革，回归到了

"以学为主，兼学别样"的正轨，有效地提高了教学质量。我们 1977 级跟 1975 级、1976 级"工农兵"学长有许多交流，也在客观上形成了某种对比，因此对系里发生的这些变化是感受得到，并衷心拥护和深感庆幸的。

二、教授要站在教学的第一线，给学生上课

从 1958 年在南宁市重建广西大学，到 1978 年，广西大学一直未实行教师职务聘任制。这一时期内，学校在编人员，经过评审认定达到了规定条件，可任命为教授、副教授等职务，没有任职期限的限制。秦老师早在 1951 年就被省立西江学院聘为教授，但此后 20 多年间，他在广西师范学院（今广西师范大学）、广西大学都没有任何职称。1978 年 4 月，广西大学成立"恢复职称领导小组"，教师职务评审工作才走上正轨。当年 11 月下旬，学校正式下文公布提升王士菁（定职）、唐兴祚、叶朗等 3 名教授，秦似、梁振仕、陈光中、曹子丹、雷一东、秦荣、王奇浩、曹硕生等 14 名副教授，并确定讲师 281 名[①]。秦老师认为，要提高本科教学质量，教授一定要站在教学的第一线，给学生上课。教授上课原本就是天经地义，理所当然的，但秦老师此言却也出之有因。在当时的广西大学，确有一些教授是不上课或很少上课的。秦老师自己的情况也如此。他从 1976 年春到 1980 年夏，一直参加《辞源》的修订工作，并担任编委兼广西修订组负责人；除了历任广西大学中文系副主任、主任，还兼任自治区政协副主席、中国文联委员、广西文联副主席、广西作协副主席，随后还兼任广西语言文学学会会长、广西中小学语文教学研究会理事长、《语文园地》主编等职。鉴于秦老师各项工作实在太繁忙，教研室曾提出暂缓安排他的课，但他坚持一定要上课。

1980—1981 学年第二学期，秦老师给我们讲授音韵学。他先从汉元帝时黄门令史游作童蒙教材《急就篇》（亦称《急就章》）开始讲起。先板书全篇的开头韵文：

---

① 马继汇，韦俊雄. 广西大学校志［M］. 南宁：广西科学技术出版社，1998：20.

急就奇觚与众异，

罗列诸物名姓字。

分别部居不杂厕，

用日约少诚快意。

勉力务之必有喜。

然后他说道，紧接"必有喜"之后是"请道其章"，分章叙述各种名物，如姓氏人名、锦绣、饮食、臣民、器物、服饰、音乐以及宫室、植物、动物、疾病、药品、官职、法律、地理等。容纳的知识量多，不仅为识字而设，还有传播知识，以应实用之意。全书为三言、四言、七言韵语；三言、四言隔句押韵，七言则每句押韵。由于音节响亮，韵律和谐，朗朗上口，极便诵习，《急就篇》作识字课本兼常识教材，可收事半功倍之效。顾炎武说："汉魏以后，童子皆读史游《急就》习甲子。《魏书》崔浩表言太宗即位元年，敕臣解《急就章》。"秦老师的讲解，使我们对古代音韵的形态和作用有了初步印象，激发了进一步了解的浓厚兴趣。

接着，秦老师深入浅出、循序渐进地讲解音韵学的有关章节。在讲授时，他注意设置课堂练习环节，与同学们互动问答，通过答疑解惑进行启发引导，课堂气氛十分活跃。例如讲到"反切"部分的理论知识之后，他立即板书布置课堂练习题：

1. 用国际音标（不知者可用汉语拼音）标注出自己的姓名的普通话读音，并分析每个字的声母、韵母（韵头、韵腹、韵尾）和声调。

2. 拼写出反切字"徒红切""基烟切""江雅切""奴案切"的现代普通话读音，并注出其被切字。

3. 在"彷徨""缠绵""菡萏""辗转"中，哪些是双声，哪些是叠韵？

秦老师在提问时，鼓励大家抢答，有时也翻看学生名单点名提问；当有同学答错而赧颜冒汗时，也容许旁人提示为其解困；有时发现个别低头看课外书的同学，就指定其回答问题，作为一种警告批评。因此，听秦老师的课，大家都精神高度集中，不敢松懒懈怠。

秦老师体胖怕热，曾在《赠芦荻》诗中自嘲"我痴肥"[①]。南宁的夏末秋初仍酷暑难耐，上课地点又是在化工楼一间通风不良的小教室，时常飘来氨气和其他异味，因此他在课间不停地摇着大葵扇，满身大汗淋漓。但他仍然聚精会神、一丝不苟地给我们讲课，声音洪亮，语调抑扬顿挫。引用李杜诗、苏辛词作例子时，更是热情洋溢，激昂慷慨。讲到平仄、用韵，特别是入声字时，还辅以博白方言进行深入浅出、生动形象的讲解。他的话语很有见地，幽默风趣，而内涵极深。有时讲到特别精彩处，大家会心一笑，而他却一脸严肃；有时讲得很投入、很得意，大家未及领悟其深意，他却自己"嘿嘿"笑了。

原先同学们认为音韵学是一门"绝学"，艰奥难懂，故多心存畏惧。但因秦老师授课内容十分丰富，又有极高的讲授艺术，不少同学转而爱上了这门课。因听这门课程打下了基础，后来多位同学写音韵学、语言学方面的论文在期刊发表；其中韦汉成毕业后分配到高校讲授语言学课程，转调到国家民委少数民族语言所工作，并曾在北京人民大会堂对全国"两会"重要发言进行现场壮语同声翻译。

三、以极大的热情鼓励和指导大学生多读书、勤练笔

为了激发我们的学习热情，秦老师在课堂上讲解过《孟子·告子下》中孟子的一段话："舜发于畎亩之中，傅说举于版筑之间，胶鬲举于鱼盐之中，管夷吾举于士，孙叔敖举于海，百里奚举于市。故天将降大任于是人也，必先苦其心志，劳其筋骨，饿其体肤，空乏其身，行拂乱其所为，所以动心忍性，曾益其所不能。人恒过，然后能改；困于心，衡于虑，而后作；征于色，发于

---

① 秦似. 两间居诗词［M］. 陆川：陆川县文联，1980：25.

声，而后喻。入则无法家拂士，出则无敌国外患者，国恒亡。然后知生于忧患，而死于安乐也。"讲毕，他扫视着全班同学语调舒缓而深情地说："历史上有多少仁人志士，都在逆境中发愤图强，你们现在条件好了，更要为中华民族的崛起而发愤读书！"他还说过："要像太史公司马迁那样读万卷书，行万里路，著传世文。虽然很难做到，但立下高远目标，心向往之，不懈努力，就一定能收获成果。"秦老师的话给了我们极大的鼓舞。

为了鼓励和指导学生多读书、读好书，秦老师让各教研室任课老师开列阅读书目，然后由系里汇编成《文学专业课外阅读参考书目》，下发给各班级学生。后来，系里又下发过《大学本科汉语言文学专业阅读书目》，据说是转发教育部高教司推荐的书目。

关于阅读与写作两者的关系，不同人有不同见解。有的认为要先夯实基础，博观约取，厚积薄发，基础未扎实，写的东西难免肤浅，还会变成舍本逐末甚至抄袭拼凑，因此要沉下心来读书，不要急着写。有的认为读和写是学好语言文学的两翼，不可偏废，阅读中有了体会就要写，为了写得深写得好就要更深入广泛地阅读，两者不仅没有矛盾，反而是互相促进的关系。从秦老师亲自组织开列阅读书目指导我们多读这点来看，他是高度重视夯实基础、厚积薄发的；但他同时也鼓励我们多练笔，在他主编的《语文园地》创刊伊始，就说你们有文章可以投过来，也不妨投给外面报刊试试。在那几年间，中文系各班级学生都在《语文园地》或外面的报刊上发表过不少作品，其中又以我们班最为突出。

我们1977级学生，是一个多数人经历过上山下乡磨炼的群体，是一个历经艰辛终于得到改变命运的机会的幸运的群体，是一个饱经沧桑之后普遍个性坚定沉毅能吃苦的群体。大家都珍惜这来之不易的机会，争分夺秒地读书学习，加上有老师们的悉心栽培指导，各有收获。由于1977级是恢复高考后的首届大学生，因此在毕业时就受到社会各界的关注与期待。我们1977级文学专业毕业留校的有李俊才（后调到自治区教育厅）、张兴劲（后考上中国社会科学院研究生院现代文学研究生，毕业后曾在全国人大常委会办公厅任职，现为广东省人大常委会外事工作委员会主任、暨南大学兼职教授）和梁扬。刚留校不久，系里就布置张兴劲以系的名义撰写《广西大学中文系文学专业 1977 级情况汇报》。现将该文照录如下：

　　文学专业 1977 级学生，在认真完成基础理论知识的学习的同时，注意培养和提高分析问题和解决问题的能力。他们结合专业特点，注重理论联系实际，在老师的指导下，积极从事科研实践和文学创作实践，取得了一定成绩。在四年学习期间，有相当部分同学先后在区内外各种学术刊物和文艺报刊上发表了学术论文和多种体裁的文学作品。还有部分同学参加了国内有关学术或文艺部门举办的学术活动，担负了一定的科研任务；不少同学参加全国、全区以及学校的文学、艺术创作比赛活动，先后获奖。从这些方面，都反映了文学专业 1977 学生在教学质量上的一定水平。据不完全统计，文学 1977 级学生在四年学习期间：参加全国性学术活动（包括创作活动）的 3 人（次）；参加区级学术、科研（包括创作）活动的 5 人（次）；在省（区）级学术（文艺）刊物（包括外省刊物）上发表学术论文、文章 20 多篇，创作作品（小说、诗歌、散文、曲艺等）10 多篇；在市（地）级报刊上发表学术文章、创作作品（小说、诗歌、散文等）40 篇以上。

　　这个班的学生，学风端正，基础扎实，比较重视基础理论知识的学习。在教学过程中，许多同学能够紧密结合教学内容，根据自己在某一学科领域的专长，在掌握比较全面的基础理论知识的同时，有重点有选择地研究某些专业课题，比较扎实地进行学术科研实践，取得了较好的效果。如，梁扬同学在古典文学方面基础比较厚实，特别是对于唐宋诗词较有钻研，先后在《学术论坛》《语文园地》《广西大学学报》等学术刊物发表了《辛词用典问题初探》《辛弃疾的〈永遇乐·京口北固亭怀古〉》《诗词中的喻愁》《性灵诗人袁随园》等论文；同时，结合文学史的研究，他还进行了历史人物传记的编撰工作，发表了《镇安府任上的赵翼》《赵翼在镇安府》《袁枚两次来广西》《袁枚与广西》《两个蔡京》《于公与韩生》等文章，除刊载在以上的学术刊物之外，其中《赵翼在镇安府》《袁枚与广西》二文还收入了《广西历史人物传》一书。梁扬同学因此还受聘担任广西历史学会《广西历史丛书》撰稿人。该同学的科研活动，《广西大学科研简报》1981 年第 1 期曾予以报道。彭洋同学致力于研究印度文学，在《语文园地》上发表了研究印度诗人泰戈尔诗歌的论文《〈新月集〉赏析》，还参加了 1981 年 8 月在北京举行的"全国泰戈尔学术讨论会"。林平同学比较倾注于研究鲁迅，探讨了关于"鲁迅与民间文学"这一新的课题，1981 年曾参加在桂林举行的"纪念鲁迅一百周年诞辰学术讨论会"。李建平同学花了近两年时间，对 30 年代"桂林文化城"的大量报刊资料进行收集、整理、归纳，汇编成《"桂林文化城"期刊评介》，部分发表在《广西大学学报》，为研究 30 年代"桂林文化城"的文艺活动提供了具有一定价值的资料。有些同学在进行科研实践中，善于探讨新课题，提出自己的独特见解。如梁克虎同学以自己对于汉语语音平仄问题的钻研体会，写成《用普通话语音判识平仄》一文，发表在山西省《语文教学通讯》杂志。该同学已被吸收为广西语文学会会员。壮族的韦汉成、陆桂生同学，以壮族语言文字问题作为科研专题，写出了有参考价值的论文。陆桂生同学的《关于壮文字母的修改意见》论文，发表在《广西民族学院学报》。

文学专业 1977 级还重视在文学创作方面提高实践能力。他们创办了《百花》文学墙报，四年里共出版了 20 多期，发表了各种题材的文学习作共 300 多篇，在校内具有较大影响。他们以《百花》为园地，发表同学们的创作习作，互相交流，互相借鉴，对同学们的创作活动起了一定的促进作用。相当数量的文学作品，包括长篇小说、中篇小说、短篇小说、电影文学剧本、话剧剧本、曲艺作品、诗歌、歌词、散文、连环画脚本等，其中部分作品具有一定质量，分别发表在

《广西文学》《广西日报》《广州文艺》《邕江》《桂林文艺》《金田》《南宁晚报》等报刊上。赵辛予同学学习电影文学剧本创作，曾经受邀参加了长春电影制片厂和西安电影制片厂联合举办的电影剧本创作会议。傅燕南同学的创作基础比较扎实，写作勤奋，先后在《广州文艺》《广西文学》发表了《革命重担》《死者的眼光》《丰收之后》等短篇小说。华明、赵辛予、李建平、莫里林、张兴劲、樊克宁等同学也分别在《广西文学》《邕江》《桂林文艺》《金田》等刊物上发表了小说作品。张兴劲同学在《邕江》《南宁晚报》上先后发表了10多首诗歌作品。

此外，文学专业1977级的同学还参加了全区青年业余文学创作比赛，广西大学第一届、第二届"秋实"文学奖等创作活动。在1980年全区青年业余文学创作比赛中，张兴劲同学的诗歌《海的幻想》获二等奖。参加广西大学第一届、第二届"秋实"文学奖，分别有3人获一等奖、4人获二等奖、4人获三等奖。在1979年全区大学生文艺汇演中，这个班的莫里林同学创作的独幕话剧《生活的惩罚》被评为创作一等奖。这个班的同学学得活，还表现在兴趣爱好比较广泛丰富这一点上。如张兴劲同学不但在业余创作中写出诗歌、小说、散文、评论，而且对于绘画、篆刻、书法、音乐等领域都广泛涉足。彭洋同学爱好书法，其书法作品参加全国、全区大学生书法比赛均获一等奖。在广西大学举办的第一届、第二届"春华"艺术展览中，彭洋、陆巨一、张兴劲等同学都分别获得优秀奖、二等奖①。

上述文学专业1977级所取得的成绩证明，秦老师既重视多读书夯实基础、厚积薄发，又提倡多练笔、以写促读的做法是卓有成效的。

---

① 张兴劲. 一份"不完全统计"的"成绩单"［M］//陈耀松，梁扬，李建平. 书香致远——广西大学文学七七毕业30周年纪念文集. 2012.

四、提倡师生平等交流切磋，教学相长

秦老师因在抗战时期的桂林文化城与夏衍、宋云彬、聂绀弩、孟超合办杂文期刊《野草》而蜚声文坛，又在杂文、散文、诗词、戏剧创作和诗韵、文论研究等方面成果丰硕，加上头衔甚多，名声很大，所以许多同学对他都很敬畏。但相处之后，大家逐渐感觉到他其实也有和蔼可亲、平易近人的一面。

我在大一时写的长篇论文《辛词用典问题初探》在《广西大学学报》（哲学社会科学版）1980年第2期上发表后，曾获得秦老师的关注（《广西大学科研简报》1981年第1期的报道中说"秦似教授评价很高"）。所以秦老师在1981年初给我们讲音韵学时，一上讲台就先扫视全班，朗声问："谁是梁扬?"我惶恐地应声站起来躬了个躬，他才开始讲课。经此带点传奇性的"大堂拜师"之后，秦老师叮嘱我"你也给《语文园地》写稿吧"，于是我开始主动找秦老师多请教，并陆续在该刊发表了几篇小文。

李建平的父亲李耿教授是秦老师在广西师范学院时的同事，秦老师曾当众对李建平说："1933、1934年你爸在玉林主编抗日文艺三日刊《雷莺》，我当时在玉林高中读书，就已经开始在这刊物上发表诗文作品了。所以你们要写东西发表，怎么能说现在起步还为时过早呢?"李建平的自选研究课题是对20世纪30年代桂林文化城的报刊进行研究评介，其中研究重点之一就是《野草》。因此，他和我或一起或单独到秦老师家请教，而秦老师始终都热情耐心地指导我们。李建平回忆说：

> 我读完了桂林和南宁两地的广西第一图书馆和广西第二图书馆馆藏的抗战时期桂林出版的期刊，写成了《桂林文化城期刊评介》，所评期刊包括秦似和夏衍主编的杂文刊物《野草》。我将这文章送去给秦似老师指导，几天后，他叫我去，拿出我的稿子，对我说："你是有眼力的，你选评的文章很恰当。"我知道，他是指我在评《野草》时，引录评介了他的《战神的欢笑》，那是我认为思想性艺术性俱佳，充满诗意的一篇杂文。当我接过我的稿件的时候，我看到上面留下了

他的一些批语。我很珍惜这份稿子，回来后，我重新誊写了一份，交给《广西大学学报》，并于 1981 年发表了。那份原稿我至今留存着。1981 年冬，我写作毕业论文《试论桂林文化城在国统区抗日文艺运动中的地位和作用》时，再次向他请教，他回忆了当年的活动情景，分析了当时国统区的文艺斗争形势，嘱咐我要注意党对文艺运动的领导这一事实。后来，这个毕业论文，经答辩后得到了优秀的成绩①。

李建平此后一直坚持从事桂林抗战文化的研究工作并成果丰硕，长期担任广西社会科学院文学（文史）研究所所长、广西抗战文化研究会会长。

1981 年 3 月，秦老师把自印（封底注明"非卖品"）的《两间居诗词》题签赐赠我一本。当读到他写于 1965 年 11 月的七律《打乒乓自嘲》时，我欣喜地发现他原来也曾有过"权衡形势东西击，料度机先长短行"的矫健敏捷身手，并同感于诗中"虽云乐此应无甚，岁月于吾正可惊"的"壮士惜日短"之情，因此写了一首和诗。秦老师看了后说："立意不错，对仗也工整，但尾联平仄不全对。"于是赠我一本《现代诗韵》（广西人民出版社 1975 年版）。我留校后，分在古典文学教研室，同室有秦似、金涛、柳正午、徐君慧、吴子厚、廖镜进、李家鸿、金万之、杨乾亮等老师，后又调进陈自力、关眉、区松盛、李希跃（与我同班，先分配到南宁市文联，因发表的论文有多篇被《人大报刊复印资料》转载，调入广西师范学院任教，后考上暨南大学中国古代文学研究生，现任广东省司法厅副巡视员）。秦老师还请系里安排我兼任《语文园地》的编辑工作（当时系主任已由金涛老师接任）。1982 年 9 月 8 日，秦老师叫我到他家，当面题签并赐赠我一本《秦似杂文集》（生活·读书·新知三联书店 1981 年北京版）。我一边翻阅一边随口问道："怎么只有俯身题诗和作者手稿两幅插图，没有一幅正面照呢？"他说："有的，有的。"拿出几本相册翻寻良久，

① 李建平. 大学生活记忆［M］//陈耀松，梁扬，李建平. 书香致远——广西大学文学七七毕业 30 周年纪念文集. 2012.

学养评说

他才选定了一幅摄于大树下台阶上表情刚毅凝视前方的大半身正面照，让我贴在该书的扉页上。这幅照片是迄今为止未见发表过的，人物的神态风采十分切合杂文家的气质。秦老师的《两间居诗词丛话》在《语文园地》连载后，结集交四川人民出版社于 1985 年 7 月出版，并赐赠我一本。过了几天，秦老师问我读过他的新书了没有，于是我们就有了这样的对话：

"谢谢！拜读了。您的这部新书，是今人利用诗话词话这种古典批评方式来进行文学评论的一部力作。"

"哦，怎么个'力'法，说来听听。"

"书中体现了学者评诗的严谨求实的作风，对一些传统陈见，大胆探索，提出新的可靠见解。例如对李商隐《韩碑》这首诗，注评家都认为是李商隐赞扬韩愈的话，您从诗中文字和李商隐的思想观点两方面，论证这首诗不仅不是赞美韩愈之作，相反，是一首既含蓄又辛辣的讽刺诗。还有，您对先哲诗中的微妙深意或历来存疑的地方也常有独到的顿悟。李商隐《重过圣女祠》'一春梦雨'句，过去注家们都讲不清楚，而您从《词苑萃编》找到依据作出新解，就很令人信服。另外，您在书中所阐发的一些古典诗评概念，也能给人新的启发。比如对古人常说的写诗要'有第一等襟抱'，您指出襟抱是多方面的，有忧国忧时的襟抱，痛念生民的襟抱，壮心未已的襟抱，知人论世的襟抱，乃至爱及动植物的襟抱，而不能把襟抱当作只写豪言壮语。这就纠正了人们常犯的片面理解的错误。"

"听你这么一说，好像你才用几天就把书读得蛮熟了？"

"您的书在《语文园地》连载时，我每一篇都认真读过，有的还做了笔记。"

"原来如此。"

"我觉得您的书还有个特点，就是您可能写杂文惯了，这部诗话的杂文味也很浓，文笔十分精警和幽默风趣，有时还以古鉴今，切中时弊，能给人很多启发。比如评苏轼中秋词说，这首词浪漫主义色彩浓厚，有些意境在可解不可解之间，颇有点今之朦胧诗意味。但诗又决不能朦胧到通篇都叫人摸不着头脑，如有些人所宣布的'我不管别人懂不懂，我是写给自己看的'"。

"出版社正好在组织书评，你不妨把刚才讲的整理成篇。"

"好的，我试试看!"

隔天，我就草成一篇《当代诗话词话的一部力作——读秦似新著〈两间居诗词丛话〉》，也没想到要先送秦老师审阅，就直接投给《成都晚报》（因为书是四川的出版社出版），很快就在该报副刊发表了。当我送样报呈请秦老师过目时，他乍一看似乎有点失望："这么短啊?"但在读完后又愉悦地说："虽然短，但也差不多都点到了。你也会用古典诗话的'点到为止法'来点评我的诗话嘛!"

又过了不久，广西大学开展教师科研成果评奖活动。秦老师在教研室对我说："我推荐你的一篇论文参加评奖。"他从包里拿出两页纸，这是他手写的推荐书，推荐我发表在《广西大学学报》1982年第1期的一篇论文：

推荐梁扬论文《有心雄泰华　无意巧玲珑》

这篇论文的副标题是《试论辛词的艺术风格》。论文对辛弃疾词作的成就，作出了有说服力的评价。苏轼与辛弃疾虽然都属于宋词中的豪放派，二人成就的高低，历来是有不同看法的。此文能从时代背景、作者思想境界、对词的语言功力等多方面论证，辛弃疾的成就高于苏轼。这是带有创见性的研究成果。对于辛弃疾词作的独特风格，首先从时代背景着眼，把爱国主义思想的突出作为辛词的最大特色，从而奠定了辛词雄健沉郁、形式多样化的风格，这个论证方法是合乎历史唯物主义的原则的。论文对辛词的语言运用，也作了比较系统的研究和分析，并指出辛词在语言上实际是对宋词形式的一个突破。可惜这一点论述得不够，与下文"借鉴并吸收了……前人的表现艺术，不是在形式的突破而是在充分发挥词体固有的抒情性方面下功夫"，颇有矛盾。其实，形式的突破不一定在于改变词体，题材和语言的突破是很重要的。总的来说，这篇论文具有较高的学术水平，有一定的创见，把一个作家的成就放在一定历史时代中加以考察，并从文学的批判继承这一个重要原则建立论点和陈述论据，其方法也是科学的。我推荐此文参与此次广西大学科研论文评奖。

秦　似

1986.3.26

我的这篇论文因不符合参评成果的时间段要求，后来没有送评。但秦老师文中所展示的文学研究的原则、方法和视角，为我指点了迷津，让我留下了深刻的印象。

秦老师不但悉心呵护、教导我们，而且也能虚心倾听我们的意见，谅解包容我们这些"初生之犊"的忤狂唐突。梁克虎上大学前在音韵格律方面就有一定基础，听秦老师的课时对某些疑难点理解得较快。对老师课堂上所讲的知识点，他课外会找其他专家的同类著作来作比较。一次课间休息时，平时温文谦恭的他拿别家的观点来向秦老师请教，不料演变成颇有火药味的辩论，俨然一副"吾爱吾师，吾更爱真理"（亚里士多德语）的态势，令大家十分惊讶。而秦老师不但不认为他忤狂，过后还介绍他加入广西语言文学学会。（梁克虎后来曾任广西人民出版社负责人，再调到深圳海天出版社。）

文学专业1978级的封家骞也是一位音韵学基础较好的同学，他写的旧体诗的诗艺已达到一定水平，声韵格律比较严整，曾有《〈红楼梦〉人物题咏绝句八首》在《语文园地》1980年第2期发表。他向我借阅秦老师的《两间居诗词》后，发现有几处韵律似有不妥，提出来跟秦老师商榷。秦老师认真听完他的陈述后说："你讲的也有些道理，我再考虑推敲一下。"（封家骞后来任广西广播电视大学文科处长，英年早逝。生前曾赠我蜡板自刻繁体字的《未瓿斋存稿》第一、二集，共收入约 4300 余首诗。其同班诗友陈克称其遗作或达万首。）

我在参编《语文园地》时，有一次看到连载的秦老师《汉语词族研究》校样中有一处解释"舀"字为"用勺投入容器中取"，就提出"投"字易给人误会为把勺"丢进去"，是否改用"探"字，即持勺"伸进去"好一点。秦老师听罢哈哈大笑表示认可，还幽默风趣地说："你也能改我半个字了。"

《孟子·离娄》说："大人者，不失其赤子之心者也。"秦老师这种为人治学的坦荡胸怀和求真务实精神，对后学的平等态度与热情奖掖，令我顿悟到："大师者，不失其赤子之心也。"

中华人民共和国成立后，秦老师新出版的著作，除了上述亲笔题签并手授予我的《两间居诗词》《现代诗韵》《秦似杂文集》和《两间居诗词丛话》外，还有秦老师的女儿王小莘教授惠赠的《秦似文集》五卷本（广西教育出版社 1992—1996 年版）；相关纪念集有杨东甫参编并题赠的《回忆秦似同志》（广西师范大学出版社 1988 年版）；研究专著有王小莘、吴智棠教授夫妇合著并由王小莘题赠的《疾风劲草——秦似传》（广西师范大学出版社 2010 年版）。这应该是中华人民共和国成立以来秦老师新著或新编新版著作的全部，以及研究、纪念类专著的大部分了。我有幸积累到这些著作，并都有作者、编者的亲笔题签，尤其难能可贵，自当"恒与人共之，学而时习之"，永为珍藏。

2017 年 10 月 15 日，是敬爱的秦似先生百岁诞辰，谨以此文表达对恩师的深切怀念与感恩之情！

秦似对《野草》刊物的作用与贡献

李建平①

　　秦似是我国杂文写作中的优秀作家之一。他的杂文创作与抗战时期的《野草》杂志密切相关。20世纪40年代初期，秦似致力于杂文写作，开始了他的文学创作生涯，也成为《野草》出版中作用和贡献最大的作家。

　　秦似对《野草》杂志的作用和贡献，可分为以下几点。

一、《野草》杂志是秦似首先提议创办的

　　杂文这一文学形式，经鲁迅之手，在无产阶级文学事业中发挥了巨大的作用。在阶级阵线最为复杂、斗争最为激烈的抗日战争时期，杂文创作在各文化据点——不论是上海"孤岛"或是西南大后方，都显得十分活跃，有了新的发展。这是因为，当时瞬息多变

---

　　① 李建平：广西社会科学院文化研究所研究员，广西抗战文化研究会会长。

的社会时局和政治事件，最适合用杂文这短小活泼、战斗力强的文学形式去反映，或抨击，或讽刺，或歌颂。《野草》也正是在这种环境里应运而生的。它一出现，即引起大后方文艺界和广大读者的注意，以后影响逐渐扩大，远在大西北指挥全国抗战的毛泽东同志也注意到了它。《野草》后来成了现代文学史上的重要刊物之一。

《野草》创刊于 1940 年 8 月，到 1943 年 6 月停刊时止，在桂林共出版了五卷二十九期，由夏衍、聂绀弩、秦似、宋云彬、孟超五人组成"野草社"，刊物上写五个人合编，采取了同人刊物的形式。秦似当时只是一个二十四岁的青年，在五个编辑中年龄最小，但这份当时极有影响的刊物却与他的关系最大。《野草》期刊是秦似首先提议而后在夏衍的大力支持下创办的。

抗战爆发后，秦似从广西大学回到家乡，在玉林生活书店工作，在那里，他读到了 1938 年出版的《鲁迅全集》，激发了他学习鲁迅思想、写作鲁迅风格的杂文的念头。他给《救亡日报》写了几篇稿，得到当时任《救亡日报》总编辑的夏衍的赏识，在《救亡日报》副刊《文化岗位》刊发了出来。以后，夏衍约秦似来桂林见面。秦似到桂林后，向夏衍建议创办杂文刊物。夏衍很赞赏这一意见，随即联系了聂绀弩等三人，连秦似一起在桂林聚会，商谈办杂文刊物的事宜。当时每人都拟一个刊名，后来大家决定采用夏衍所提议的"野草"。《野草》由此应运而生。

二、秦似是《野草》刊物的主要编辑人

《野草》办起后，在分工上是：聂绀弩、孟超、宋云彬主要联系其他文化人，广开稿源；秦似则负责编稿、出版等其他事宜。夏衍当时主要精力是花在我们党和进步文化界的重要宣传阵地《救亡日报》上，且不久即离开桂林，因而他参与《野草》相关工作不多。秦似回忆当年他的工作时说："我年轻，是文艺学徒，新手，许多具体事务便由我做。编排、校对、处理稿件，到处跑

腿。可以说是非常精简，专做这些工作的只有我一人。"① 孟超在当时也谈道："家槐兄从柳州来……一同去访秦似兄，谈起野草，家槐兄恳切地称许着秦似兄支持这一刊物的毅力，而尤其对那一贯的作风的保持，他说是多么可喜可爱的。"② 由此可见秦似在《野草》办刊期间所做工作之一斑。

后来，1941 年 1 月发生皖南事变，局势变化，部分进步文化人撤离了桂林，夏衍也随着《救亡日报》的停刊而去了香港。秦似独自在桂林坚持《野草》刊发的工作。因此，自第三卷第五期起，《野草》实际是秦似一人主办了，《野草》版权页上也只署秦似一人编辑。从第三卷第五期后的《野草》，同样保持了前期那种锐利、生动、清新、丰富的特点，并在歌颂反法西斯战争的胜利、揭露国民党统治区内的黑暗等方面，显得更为有力和鲜明。《野草》的出版越来越引起国民党当局的恐慌，1943 年 6 月出版到第五卷第五期后被查禁。

三、秦似为《野草》贡献了精彩文章

秦似在《野草》上发表了大量杂文作品，其所议问题和所谈角度虽然不同，但大多具有时代记录的特征，充满强烈的时代战斗精神。其中最重要的文章是秦似为创刊号写的《〈野草〉月刊发刊语》。这是秦似写于抗战时期最富于时代精神的作品。文章写道：

> ……我们的革命现实主义作家，在他们作品的主题与形象里面都创造了"人"，歌唱了"人"，改变着一大群苦难者的"畸形"的脸貌……
>
> 然而我们有些人虽然自称善于憧憬光明，却同时也善于忘怀灾难。前线和敌占区正在一枪一弹搏击敌人，在后方倒有人穷奢极乐、富丽豪华……在这样的时势下面，我们却办了小小的《野草》。

---

① 秦似. 野草杂忆 [N]. 广西日报, 1962 - 10 - 30.
② 孟超. 一年容易又秋风 [J]. 野草, 19425 (1).

　　……《野草》目前只是芜杂丛生，荆莽交错，既无花果之望，亦无枝叶之阴，……它只希望给受伤的战斗者以一个歇息的处所，让他们退到野草里，拭干伤口的血痕，略躺一会儿。如果因疲劳而至于饥饿，则挖几把草菇，也聊胜于无。……

　　这里不是锋镝所在，不是作战的前线，然而却划了一道"人"与"兽"的分界。

　　秦似的这些话语，既是对《野草》宗旨的阐述，亦可看作他对自己杂文写作目的的表述。在那战火纷飞的年代里，有的人"坐汽车上馆子，运私货发大财""给兽脸涂上化妆粉"；有的人为清除"资本主义的兽脸"，为改变苦难者"畸形"的面貌而战斗。秦似用手中之笔，为那个时代的芸芸众生，划出了一道"'人'与'兽'的分界"，并将笔锋化为锋镝，投向国际国内的种种"兽脸"，护卫着那些畸形的受难者们一步一步走向光明。秦似杂文对时代本质的把握，使其作品充盈着强烈的战斗精神，并成为那个时代斗争中的"感应的神经，攻守的手足"。

　　《野草》创刊号同时还登载了秦似的《这便是憎恶》。秦似由于思想敏锐，基础扎实，加上夏衍、聂绀弩等老一辈作家提携指导，进步很快，在杂文写作上一发而不可收，用顾元、姜采、张筑、余土根、令狐厚等笔名，在《野草》上发表了数十篇杂文，其中重要的杂文有《恶魔与"疯狗"》《战神底（的）欢笑》《不能缄默》《两年小志》《正义所要求者》等。秦似的杂文不但笔锋犀利、知识性强，且有较高的艺术性，发表在第五卷第三期上的《战神底欢笑》，即是具有感情充沛、文辞瑰丽、富于诗意等特点的优美文章。这里不妨引几段作欣赏：

　　在未溶的雪土上，我仿佛看见剌多牙湖边茂密的森林，和曾经被用钢筋三合土筑成的壕堑，寂寂地相对着。凛冽的北风呼呼吹着，它是在替发锈的铁哀鸣，炮火已经远去了，愈远愈模糊，听不见了，德国人遗留下斑黑的血污，从他们的堡垒和战壕逃了出去……

那是列宁城，高大的建筑物带着残伤站立着，男人、女人、老太婆、小孩子，坐在雪橇上的，骑脚踏车的，手挽着的，轩昂地走着的，大街上乱哄而欢腾，其中又显出着沉毅。母亲们和孩子们都笑了，莫斯科运来了干鱼、面粉、鲜菜……

到处感觉着自由的呼吸，而又充满着轻快的战斗气氛……

被围十六个月的列宁城，自由地笑了！

由以上三方面可以看出，秦似在《野草》的编辑出版中起到了极为重要的作用。1946年《野草》在香港复刊，一位内地的读者为《野草》复刊向秦似写信说："《野草》桂林版，是我学生时唯一的精神食粮，后来停了刊，使我如丧失了一种传家宝一样的痛苦。……先生！现在你得安心工作下去吧，因为同我一样的'昔日读者'还多着呢。"①

秦似在桂林期间，担任过全国文协桂林分会理事。在编辑《野草》月刊之余，他还与庄寿慈等合编《文学译报》，在写作发表了大量杂文的同时，还翻译出版了美国小说《人鼠之间》（与庄寿慈合译）等。秦似自"野草"时期开始至中华人民共和国成立后三十多年里，一直没有停步，辛勤地在杂文园地里耕耘，成为我国卓有成就的杂文作家之一。1981年，三联书店出版了《秦似杂文集》，所收作品即是他自《野草》起到1980年整整四十年杂文创作的结晶。

秦似离开我们三十多年了，他的文章依然值得一读。读读秦似的杂文，对于我们了解过去的时代，了解杂文这一文学样式，了解秦似，都是极有帮助的。

---

① 来自内战的火线上［J］. 野草（香港版），1947（2）.

浅谈秦似杂文在中国现代文学史上的地位和影响

——读秦似《〈野草〉月刊发刊语》和鲁迅的
《〈野草〉题辞》得到的启示

林　平

　　秦似是我的大学恩师，在秦似百年诞辰之际，重读秦似的杂文，看到他的《〈野草〉月刊发刊语》，脑海中立即联想到鲁迅的《〈野草〉题辞》。我反复阅读比较，对秦似杂文又有了新的认识。

　　秦似在抗战文学中，是作出了重要贡献的作家，秦似杂文是鲁迅杂文的真正传承人之一，是鲁迅后杂文时代的代表作家，因此，对于秦似在中国现代文学史上的地位和作用应该给予应有的重视和评价。

　　第一，从这两篇文章的时代背景看。尽管这两篇作品相差十多年，但它们所创作的时代背景却是非常相似的，作家的思想也是相通的，他们都自觉地为时代呐喊，为民族解放、为人民觉醒而鼓呼。秦似和鲁迅一样，都是为时代而创作的作家。研究作家的思想及其文学作品，离不开对时代背景的研究。文学离开了时代，是无源之水无本之木。研究作家所生活的时代里，他在想什么，他在做什么，他写什么，可以清楚地看到作品的时代性及其作品的意义所在，对研究作家作品很有帮助。

我认为《〈野草〉题辞》体现了鲁迅的思想和过去相比发生了根本变化，反映出他对自己作品的"过去"的评估和对"未来"的设想。他后来的作品文笔文风的变化都可以在这篇文章中找到印证。所以，我认为认真深入研究《〈野草〉题辞》，对我们研究及评价鲁迅的思想及其作品是十分有裨益的。

无独有偶，秦似在《〈野草〉月刊发刊语》中，也将自己即将发表和未来写作的作品称之为"野草"，将《野草》月刊作为培养"野草"文体的阵地。在这片"野草"阵地上，他摇旗呐喊，英勇出击。我们将秦似在文中所表现出来的对"野草"的理念及其对"野草"文体的定义进行比较研究，发现秦似与鲁迅在创作上有很多共同点，这有助于我们加深对鲁迅和秦似思想和作品的理解，以及20世纪40年代杂文的研究。

鲁迅的《〈野草〉题辞》写于1927年4月26日，正是国民党发动"四一二"反革命政变后的十多天。大地鲜血淋漓，天空乌云压顶。他说"天地有如此静穆，我不能大笑而且歌唱"。鲁迅感到非常郁闷和"静穆"。"我将开口"想说话，想发泄，想骂人。但说什么呢？怎样发泄呢？骂谁呢？他在1926年11月就说过："我已决定不再彷徨，拳来拳对，刀来刀当，所以心里也很舒服了。"（《两地书》）鲁迅刚刚将自己的过去埋葬在《坟》里，"不再彷徨"，卷起衣袖，伸出拳头，拿起刀枪准备战斗之时，反动派的刀又砍下来了。"三一八"惨案刚过去一年，"四一二"反革命政变又发生了。天地顿时"静穆"了下来，鲁迅同时感到空虚。在这种形势和这种心情下，"我不能大笑而且歌唱"，他内心是多么的痛苦。"我们还在这样的世上活着，我也早觉得有写一点东西的必要了。"（《纪念刘和珍君》）。他要写什么呢？1926年"三一八"惨案发生后，鲁迅写了《纪念刘和珍君》一文，接下来又发生了"四一二"反革命政变。在这种严峻的时代背景下，鲁迅写下了《〈野草〉题辞》。紧接着，鲁迅又出版了杂文《而已集》，在《〈而已集〉题辞》中鲁迅是这样写的："这半年我又看见了许多血和许多泪，然而我只有杂感而已。泪揩了，血消了；屠伯们逍遥复逍遥，用钢刀的，用软刀的。然而我只有'杂感'而已。连'杂感'也被'放进了应该去的地方'时，我于是只有'而已'而已。"同时印证了鲁迅这篇文章的时代背景和鲁迅的思想。他的文章被"践踏，将遭删刈，直至于死亡而朽腐"（《〈野草〉题辞》），被"放进了应该去的地方"。但鲁迅并没有被吓到，"真的猛士将更奋然而前行"（《纪念刘和珍君》）。

鲁迅的《〈野草〉题辞》发表 13 年后，秦似于 1940 年 7 月 5 日写了《〈野草〉月刊发刊语》。"当时的政治局势，是处于国民党中的民族投降派一部分人已公开变为汉奸，而国民党反动派又已发动了第一次反共高潮之后，可谓阴霾涨（弥）漫，风雨如晦，正是闷人得很的气候"，真有"黑云压城城欲摧"，"似乎地球从此不转之势"，"在这样的时势下面，我们却办了小小的《野草》"。

一个是在"天地有如此静穆，我不能大笑而且歌唱"的心情下写下了《〈野草〉题辞》，一个是在"阴霾涨漫，风雨如晦，正是闷人得很的气候"创办了《野草》。一个感到"静穆"，一个感到"闷人"。由此可见，鲁迅的《〈野草〉题辞》的写作与秦似的《〈野草〉月刊发刊语》的写作背景和心情是何等的相似，都是在国民党对共产党进行大屠杀的时刻写下来的。前者是在"四一二"反革命政变的背景下，后者是在国民党反动派已发动第一次反共高潮之后。他们都想到将自己的作品称之为"野草"。他们心里非常明白"野火烧不尽，春风吹又生"，这就是野草的生命力。"我将大笑，我将歌唱"，充分体现了作家无畏压力，敢于战斗的乐观主义精神和坚定不移为民族为大众创作的爱国主义精神。他们都是民族作家。鲁迅被称为"民族之魂"，秦似可以被称为一位真正的"民族作家"。

第二，秦似和鲁迅一样，为"野草"式的文体的创作打开了一片新天地，使杂文这种文体在现代文学史上，在文学的殿堂里，峥嵘璀璨，光辉夺目。秦似成了鲁迅后杂文时代的代表作家。

鲁迅之所以将文集命名为"野草"，是因为鲁迅知道："野草，根本不深，花叶不美，然而吸取露，吸取水，吸取陈死人的血和肉，各各夺取它的生存。"

（《〈野草〉题辞》）这段话有几种含义：1. 这种"野草"形式的文章比较易读，"根本不深"，不像古文那样难于理解，拗口难懂；2. 不必注重韵律和刻意修饰，"花叶不美"；3. 这种"野草"形式的文章历史非常悠久，一直不断演变流传到今天，杂文像野草一样有着顽强的艺术生命力。尽管这种形式的作品长期以来不能登"大雅之堂"，成不了"乔木"，还受到统治者的"践踏，将遭删刈，直至于死亡而朽腐"，但鲁迅依然选择这种文学形式作为自己的武器进行战斗，进行呐喊，而且义无反顾地将自己"生命的泥委弃在地面上"。他不花时间去创作那些不朽的诗篇（"不生乔木"），而是将自己的精力和生命去写这些非传统文体（"只生野草"）。鲁迅对这种"野草"文体进行了认真研究，进行了批判性的传承和发展。这种文体到了 20 世纪 20 至 30 年代已经发展得炉火纯青，正式登上了中国现代文学的殿堂。这就是鲁迅对中国现代文学的伟大贡献。

秦似对鲁迅杂文的认识始于 20 世纪 30 年代末。"一九三九年因帮助生活、新知书店做书籍转运的工作，我有机会见到《鲁迅全集》，在几个月内，贪婪地把那里面的杂文全看了一遍""对鲁迅杂文似乎有了较多的理解和体会，也更加爱读起来"（《回忆〈野草〉》）。通过大量阅读鲁迅杂文，秦似懂得了时代需要什么。

秦似之所以将刊物也命名为"野草"，因为："命名《野草》，用意所在，并非全然因袭，也说明着我们对这样一个小小的东西，并不存什么奢望，自己先给它一个卑之无甚高论的名号"，"目前只是芜杂丛生，荆莽交错，既无花果之望，亦无枝叶之阴，并非大树"。

鲁迅和秦似的立意有相似之处。鲁迅的立意是："天地即不如此静穆，我或者也将不能。我以这一丛野草，在明与暗，生与死，过去与未来之际，献于友与仇，人与兽，爱者与不爱者之前作证。"秦似的立意是："只希望给受伤的战斗者一个歇息的处所，让他们退到野草里，拭干伤口的血痕，略躺一会儿。如果因疲劳而至于饥饿，则挖几把草菇，也聊胜于无。虽然没有维他命，更不可能同时做药，倒是可以恢复一些元气，再作战斗的。至于原本就很健康的人们，自然也可以到这原野上呼吸一些苍葱的气息……但如果肺部不健全，却正需要一些野气息，餐必肥甘补品，并不足以保证深在内脏的溃烂面不扩大起来。"秦似希望他的"野草"在这样紧迫的时势下，弄一些笔墨"划了一道'人'与'兽'的分界。如果畸形的受难者们正立起来的时候，兽脸就将被刷清或者自己藏起来"。

秦似和鲁迅都非常明确地表明在严峻的局势下，他们要用这样的"野草"去区分"人与兽"。在国难当头之时，真的猛士"敢于直面惨淡的人生，敢于正视淋漓的鲜血"（《纪念刘和珍君》），奋然前行。他们都同时认识到"野草"文体的作用和功能。这些"野草"就是他们选择的最有力的武器，是"匕首"，是"投枪"。鲁迅在总结自己的斗争历程中，感觉过去以"野草"式的文学作品为武器在"明与暗，生与死"的斗争中取得了胜利，因而打算在"未来"的斗争中依然用这种文体去谈"风月"，论"风云"，"有趣的是谈风云的人，风月也谈得，谈风月就谈风月罢，虽然仍旧不能正如尊意"（《〈准风月谈〉前记》）。秦似在大敌当前，日军铁蹄践踏我大好河山，中国人民横遭杀戮，国内国民党发动内战之际，想拿起笔呐喊，呼吁抗日，反对内战，批判投降文学，揭露走狗文人。用什么方式最好呢？秦似最初写诗，但当他通读了鲁迅的杂文以后，顿开茅塞。他说，在那样的时局下，以"野草"为刊名，发表一些作品，"会给社会和文坛带来一点生气，引人略有所思"。秦似这些"野草"式的文章是受到鲁迅杂文的启发，可以说，是借鉴鲁迅杂文而创作的。夏衍说："鲁迅那时写文章，往往是大家心里想说而还没有说出来的话，他说出来了。所以一发表，就令人爱读。"秦似说："我们采取了外表看去带点'软性'，而文章的内容要有几根骨头的方针，这正是从鲁迅的《准风月谈》《花边文学》那里学来的。"可见秦似无论在思想上、文学上，还是风格上都是鲁迅忠实的传承者，也可以清楚看出大敌当前，秦似和鲁迅一样，置自己生命于不顾，勇敢呐喊，唤醒民众起来抗敌。

秦似在《〈野草〉月刊发刊语》中向文坛竖起了"野草"大旗以后，开始大量创作杂文。在秦似的杂文中可以清楚地看到他所关心的社会问题、他的立意、他的手法明显与鲁迅有极大的相似之处。正如夏衍所说"几可乱真"。

秦似在《〈野草〉月刊发刊语》后所发表的杂文集里，他的选题都与鲁迅有极大的相似之处。比如鲁迅关心妇女问题，秦似也同样关心妇女问题，如《"女性应该安于生物的平等"论》《"挽狂澜于既倒"》《非眷莫问》《论"国家将亡，必有妖孽"》等，谈的都是妇女问题。鲁迅关心青年和儿童，秦似也写了《儿童节有感》和《吻潮微语》，关心儿童和青年。鲁迅是反封建的斗士，秦似也写了反封建题材的《城与年》等。鲁迅讽刺走狗文人，痛打落水狗，秦似也写了不少这方面的题材，如《不能箴默》《剪灯碎语》《哀纳粹魂》《指环的贬值》。鲁迅提倡联合战线，反对内战，秦似也呼吁抗战，反对内战，如《换一个方向看看》《关于国际青年反法西斯蒂》《"炮火"及其他》。有一些文章秦似直接借用鲁迅近似的题目，如鲁迅写了《立此存照》，秦似写了《立此存照以后》；鲁迅写了《黄花节的杂感》，秦似写了《谈黄花节》。艺术手法上也是鲁迅杂文常用的挖苦讽刺，明喻隐喻，借古论今，借谈风月实谈风云，使文章鞭辟入里，幽默风趣，引人入胜。我曾经写过一篇题为《浅谈秦似杂文艺术特色》的文章，对秦似杂文的艺术性进行过探讨，在这里不再赘述。

从秦似与鲁迅的作品比较中，可以看出他们的文风是一脉相承的。当然，两者的"野草"也有不同的含义。鲁迅以"野草"为散文结集书名，秦似以"野草"为刊物名称。鲁迅"野草"为回忆性散文，秦似"野草"为杂文园地。因此，秦似说"野草"之名"并非全然因袭"。两者各有各的含义。鲁迅在《野草》之后，专心开始杂文创作，他文中"在明与暗，生与死，过去与未来之际"的"未来"一词，所指的就是这个意思。时局启发了鲁迅，时代需要更加犀利的"匕首""投枪"。1927—1936年，鲁迅一共写了12本杂文集，是《野草》之前的4倍。可见，鲁迅继《野草》之后，真正找到了自己的战场。秦似竖起了"野草"这面大旗之后，以鲁迅为榜样，沿着鲁迅杂文之路，披荆斩棘，奋勇前行，专心开始他的杂文创作。他们对"野草"这种文体的生命力、战斗力有了足够的认识。

通过上述比较，我认为可以将杂文发展史分为三个时期：鲁迅前杂文时代

（1919 年之前），鲁迅杂文时代（1919—1936 年）和鲁迅后杂文时代（1937 年至今）。我们可以将秦似的杂文归为鲁迅后杂文时代。鲁迅前杂文时代，诸子百家推动了杂文的产生，到三国时阮籍、嵇康等的散文，杂文的形式和文风有了进一步发展，但因为杂，所以不能登大雅之堂，遭到压制。到了鲁迅杂文时代，反封建文学与反封建道德的洪流，孕育了杂文这种短平快的文学体裁的种子，在鲁迅的催生培育下茁壮成长。鲁迅杂文形成了一种犀利泼辣、幽默风趣、嬉笑怒骂的艺术风格，艺术上达到了炉火纯青的地步。这种杂文风格被史学家们称为"鲁迅风"。杂文这种文学体裁终于在文学殿堂里赢得了一席之位。

到了鲁迅后杂文时代，以秦似为代表的一批作家，秦似为旗手，其杂文依然是鲁迅风，是鲁迅杂文的延伸。秦似等作家在鲁迅的影响下，继承鲁迅的笔法，融入时代风云，杂文创作已经得心应手。鲁迅的杂文历史感强，文学底蕴深厚，读来厚重、浓烈深沉。其文品起来味重汤浓，令人回味无穷。秦似的杂文现实感强，文学底蕴没有鲁迅深厚，但读来犀利泼辣，每每高谈阔论，纵横披靡，清新爽快。其文品起来味鲜汤甜，令人感到提神醒脑，豁然开朗。鲁迅的杂文读起来明显看出是一个成熟沉稳的老人皱着眉头目视前方在披荆斩棘、摇旗呐喊，秦似的杂文读起来可以清楚地看到一位血气方刚的青年在文坛上冲锋陷阵、义无反顾。鲁迅和秦似的杂文各有各的特色，都是现代文学殿堂里不可多得的瑰宝。

秦似对发展鲁迅杂文作出了特殊贡献，在抗战文学中立下了汗马功劳，在中国现代文学史上也应该有秦似的文坛地位，他是继鲁迅之后的一位重要的杂文家。

浅论《野草》杂志和秦似的野草精神

秦翠英　易洋萍①

《野草》杂志是中国第一份专刊杂文的杂志，在中国杂文史和中国抗战文学史上的地位是研究中国文学史的人无法忽视的。秦似作为《野草》杂志创办者之一和主办者，其与《野草》杂志是两位一体的，或者说《野草》杂志是秦似个人精神的投影，两者的精神是一致的，这从《野草》杂志的渊源和定位、创办经过中，都可以看出。

一、渊源：《野草》散文诗集与《野草》杂志精神上的传承

中国文学史有两"株"不是默默无闻的《野草》，一是鲁迅的散文诗集《野草》，一是秦似主编的杂文杂志《野草》。秦似回忆《野草》杂志时说："大家赞成用《野草》。那理由，倒不是为了因袭鲁迅，而是觉得

① 秦翠英：广西桂林图书馆历史文献部馆员。易洋萍：广西桂林图书馆历史文献部馆员。

在那样的时局下，这个刊名可能给社会和文坛带来一点生气，引人略有所思。"① 秦似虽强调"倒不是为了因袭鲁迅"，但同时又说"引人略有所思"，这可以看出《野草》散文诗集与《野草》杂志在精神血脉上是有传承关系的。

1.《野草》散文诗集与《野草》杂志都产生于中华民族危难时期

《野草》散文诗集收入的作品创作于 1924 年至 1926 年，结集出版成系列作品集时揭示其内涵精神的《〈野草〉题辞》诞生于 1927 年，这一年发生了"四一二"反革命政变，无数共产党人和革命群众惨遭杀戮，其中包括鲁迅认识的不少友人和学生。当时到处笼罩着白色恐怖，新民主主义革命陷于低谷，见过了辛亥革命后一系列国内乱局的鲁迅在思想上也陷于苦闷消沉。

《野草》杂志创刊于 1940 年 8 月，当时抗日战争已经进入第九个年头，抗日民族统一战线已经形成，但是国民党反动派无时无刻不在破坏统一战线。蒋介石也准备掀起第二次反共高潮，国内白色恐怖十分严重。在抗战文风方面，长篇的抗战八股文风已兴起，粉饰太平、崇洋媚外的作品充斥文化市场，文化界人士夏衍、聂绀弩、宋云彬、孟超和秦似五位同人都想以笔为武器，以短小精悍的文章来唤起同胞，团结人民，打击敌人。

2.《野草》散文诗集与《野草》杂志有着相似的喻义

《野草》散文诗集与《野草》杂志因为其产生的社会环境相似，又因为后者对前者的学习推崇，因此，在不少方面都有着相似的喻义。首先，在野草的精神喻体上极为相似。对于《野草》散文诗集，王学东在《野草的发展历程和精神特征》中指出："《野草》全书，我们的确可以看到鲁迅那阴暗消沉的一面，然而我们通过对野草、野花草的形象的探求，可以看到那种诅咒黑暗、反抗现实、矛盾而不妥协的、充满了积极的精神。而这种精神，则是《野草》中最主要的体现。"秦似谈到《野草》杂志时说："发出几声呐喊和呼号，从各个侧面反映出大后方广大人民群众的痛苦、挣扎、斗争和希望。就像第一卷的封

---

① 秦似. 回忆《野草》[M]//秦似. 秦似杂文集. 北京：生活·读书·新知三联书店，1981：576.

面图案所象征的那样，一株两叶一芽的嫩草，竟从古堡中破墙而出，顽强地伸向大地了。"① 可见两种《野草》都是在苦难中给人慰藉和鼓励，蕴含希望和生机的。

其次，两者都分出了"人"与"兽"。鲁迅在《〈野草〉题辞》结尾两处反复提到了"人"与"兽"："我以这一丛野草，在明与暗，生与死，过去与未来之际，献于友与仇，人与兽，爱者与不爱者之前作证。//为我自己，为友与仇，人与兽，爱者与不爱者，我希望这野草的死亡与朽腐，火速到来。"② 秦似在《〈野草〉月刊发刊语》的前中后三处提到了"人"与"兽"，并将划分"人"与"兽"的分界作为奋斗的目标："这里不是锋镝所在，不是作战的前线，然而却划了一道'人'与'兽'的分界。如果畸形的受难者们正立起来的时候，兽脸就将被刷清或者自己藏起来。"

野草的挣扎与生灭，最终产生爱与不爱、"人"与"兽"的分界，这是鲁迅与秦似的共同追求，是两"株"《野草》的共同目标。前后两代人的精神传承在两"株"《野草》中得到了实现，为各自的时代作出了对中华民族的贡献。

二、致敬的模仿：《野草》杂志的杂文定位

《野草》散文诗集与《野草》杂志之间的血肉精神相连，不只体现在二者名称相同上，更体现在二者背后的文学人身上。他们有着共同的追求，在文学上最主要体现在对杂文的认同上。可以说，《野草》杂志同人就是怀着对《野草》散文诗集作者鲁迅的崇敬之情，模仿起鲁迅的杂文形式，开创了《野草》杂志。秦似的女儿王小莘在评价《〈野草〉月刊发刊语》时说："虽然没有一字提鲁迅，但宣明了《野草》继承和发扬鲁迅杂文的战斗传统和战斗风格，在中华民族生死存亡的危急关头，以进步文学占领阵地，抵御消磨斗志的消闲文学的影响的宗旨，明确了《野草》革命投枪的作用，给人指引方向和增添力

---

① 秦似. 忆《野草》[J]. 读书，1982（5）.

② 鲁迅.《野草》题辞 [M] //鲁迅. 鲁迅全集：第一卷. 北京：人民文学出版社，1973：464.

量。"①《野草》杂志创办者之一夏衍在创刊号上发表《旧家的火葬》，与鲁迅《野草》散文诗集表达的"火"也是一脉相承。

秦似作为《野草》杂志主编，对鲁迅及鲁迅的杂文极为熟悉和崇敬。"一九三九年因帮助生活、新知书店做书籍转运的工作，我有机会见到《鲁迅全集》，在几个月内，贪婪地把那里面的杂文全看了一遍。过去学生时代，虽也零星看到过鲁迅先生的文章，却没有像这样得窥其全豹，而且，由于这时候已经读了毛主席的《论持久战》和一些马列主义书籍，接触到了抗日宣传工作的一些实际，对鲁迅杂文似乎有了较多的理解和体会，也更加爱读起来。我给《救亡日报》写杂文，同这件事是有关系的。"② 因此，秦似干脆在《野草》杂志创刊之前的同月，便先在《救亡日报》上发表了《鲁迅的现实主义精神》。

谈到办《野草》时，创办者们更是明确表示要继承鲁迅的风格。"我们商议创刊号内容的一次聚会……主要谈的是杂文和鲁迅。我们认为，鲁迅在三十年代的战斗旗帜，我们在四十年代应该接过来。夏衍同志说：'鲁迅那时写文章，往往是大家心里想说而还没有说出来的话，他说出来了。所以一发表，就令人爱读。'大家认为，鲁迅在三十年代给我们作了很好的榜样，现在正需要战斗性的杂文，我们应该把鲁迅这一克敌致果的武器发挥起来，为当前的革命斗争服务。而且，四十年代已有了毛主席为首的党中央，有了抗日统一战线又联合又斗争的政策，斗争的方向、目标和策略都比鲁迅时代更为明确了，这是很有利的条件。"甚至出杂志时，连策略也是学鲁迅的："我们采取了外表看去带点'软性'，而文章的内容要有几根骨头的方针，这正是从鲁迅的《准风月谈》《花边文学》那里学来的。"③

杂文是战斗性极强的文体，民国时期杂文大师首推鲁迅无疑。因此，当秦

---

① 王小莘. 中国现代首份杂文专刊《野草》的创办 [J]. 阅读与写作，2010 (3).
② 秦似. 回忆《野草》[M] //秦似. 秦似杂文集. 北京：生活·读书·新知三联书店，1981：574.
③ 秦似. 回忆《野草》[M] //秦似. 秦似杂文集. 北京：生活·读书·新知三联书店，1981：576.

似与夏衍、宋云彬、聂绀弩、孟超办起《野草》杂志时，杂文体裁的定位到创办策略、奋斗目标等，都是对鲁迅及其杂文的极力模仿，这是中华民族复兴路程上两代人的共同战斗方向，也是秦似等人对鲁迅一种发自内心的致敬和推崇。这种致敬和推崇得到了后人在文学史中的承认，后人常常以"鲁迅风""野草派"来叙述他们之间的关系："'野草'派因1940年8月20日创刊于桂林的《野草》（月刊）而得名……《野草》杂志、丛刊和它的作家群作为一个有重大影响的著名杂文流派，以继承和发展鲁迅杂文战斗传统，为民族民主革命为宗旨……《野草》派中的夏衍、聂绀弩、孟超、宋云彬、秦似的杂文自成风格，有艺术上的新创造，推动了鲁迅逝世后杂文艺术的新发展。"①

三、知行合一：秦似办《野草》杂志的过程就是野草精神的生动诠释

秦似是《野草》杂志的创办者之一，后来因为其他创办者工作繁忙或离开桂林，他最终成为杂志的主办者。秦似是在民族危亡关头成长起来的，因此，他办《野草》杂志的过程就是在描绘一幅生动的野草精神画卷。

1. 以不畏艰难困苦的野草精神让《野草》杂志在桂林的土地上生根发芽

《野草》杂志创办的年代是一个风云震荡的年代。当时正值皖南事变的前夕，是光明与黑暗交接之际。一方面，国民党反动派消极抗日，积极反共，准备掀起第二次反共高潮；一方面，共产党领导的敌后抗日战争取得了节节胜利②。秦似到当时的抗战大后方桂林为的是谋生，他因为获得夏衍等文学前辈的赏识，从而步入文学界，踏上文学抗战的道路。随后，秦似发现需要办一个战斗性强的杂文杂志来改变桂林当时沉闷的文学氛围，满足群众当时的需求，得到了夏衍的赞同和支持。很快，夏衍、聂绀弩、宋云彬、孟超和秦似五位同人组成了编委会，定了刊名。《野草》杂志的这颗种子，就在这样恶劣的时代

---

① 蒋淑娴. 中国现代文学史［M］. 北京：科学出版社，2002：252－254.
② 王小莘. 中国现代首份杂文专刊《野草》的创办［J］. 阅读与写作，2010（3）：39－40.

背景下，播种在桂林的土地上了。

夏衍等人拉秦似参与《野草》杂志创办，一方面是欣赏他的文学才华，另一方面是其他创办者很忙，就只好让秦似这个没有其他工作打扰的年轻人来做主要工作。也就是说，秦似在杂志创办之时就注定了要进行艰苦的奋斗才能完成工作。当时人们居住、生活等方面的条件是极其艰苦的，秦似的也一样。秦似租住在临桂路一间约 10 平方米的房间，房间是砖木结构，连床铺和桌椅都没有。他的《〈野草〉月刊发刊语》是在叠着两只皮箱当桌子，垫张板子在楼板上当椅子的艰苦条件下写出的。秦似的伙食也很差，而且吃饭时间不正常，所以他经常喊胃疼①。尽管在如此艰难的条件下，秦似还是以不畏艰难困苦的精神，开足马力不停地工作，勇敢地担负起组稿、跑印刷厂、联系发行等工作。其中的烦琐和劳累是外人想象不出来的，他要和种种不同的人打交道，还要应对当局的种种刁难，随时会遇到麻烦事，秦似却如初生牛犊什么都不怕，把每件事都办得十分妥当。1940 年 8 月 20 日，在夏衍、聂绀弩、宋云彬、孟超和秦似的共同努力下，《野草》杂志这颗种子终于在桂林文化城的土地上生根发芽了。正如第一卷的封面图案所呈现的那样，从破墙的缝隙中生长出一株一芽两叶的新嫩草，这是对《野草》杂志颇有意味的写照。

2. 以蓬勃向上的野草精神让《野草》杂志在桂林生机勃勃地成长

《野草》杂志以专登杂文为主，以宣传抗日、反对腐败、针砭时弊、向往光明为宗旨，以发出呐喊和呼号，从各个侧面反映抗战大后方广大人民群众的痛苦、挣扎、斗争和希望，激励全国人民和敌人斗争到底为内容。出刊后，深得作家的支持、群众的热爱，引起中共高层领导的关注。

当时，为《野草》杂志写稿是没有稿费的，而一大批进步作家和名流都帮《野草》杂志写稿以示支持。郭沫若从重庆寄来了《我的青年时代》等文稿；茅盾在《野草》上连载《雨天随笔》，后来还写过关于佛教的文章；编委向柳亚子约稿有求必应。撰稿、供画者还有巴金、田汉、邵荃麟、何家槐、艾芜、

---

① 刘英. 秦似与《野草》[J]. 南方文学，1991（1）：58-60.

林林、司马文森、秦牧等。《野草》杂志发行量从创刊时的三千份发展到一万多份，最多的时候达到三万份，成为桂林文化城极为畅销、发行量极大的刊物之一，这说明《野草》杂志得到了广大群众深深的喜爱。《野草》杂志越办越出色，在抗战文学中的名望与地位不断提高，引起了在延安的毛泽东和当时中共中央南方局书记周恩来的关注。周恩来两次对《野草》杂志的办刊方针作过指示：一是指示《野草》杂志要继续办下去，二是指示《野草》杂志不要太露骨。这对《野草》编委会，对秦似都是极大的鼓舞。毛主席则嘱咐每期寄两本给他，从第五期开始，就由秦似亲自包好，写好地址寄往延安。这表明《野草》杂志实质上是由中国共产党领导的，在宣传抗日救国、反分裂、反倒退等方面起到了积极的作用，在一定程度上证明了"党的领导是桂林文化城的灵魂"。这些都昭示着《野草》杂志在桂林的土地上勃勃生机地生长着。

3. 虽历尽坎坷却压不死的野草精神让《野草》杂志倔强地在香港重生

1941 年 1 月 6 日，皖南事变爆发，桂林的政治局势逆转，进步文化界深受影响，随后部分进步刊物被迫停刊，部分进步文化人被迫离开桂林奔赴香港。夏衍和部分《野草》杂志的同人也被迫离开桂林，秦似依然坚守在桂林的岗位。即使在这样恶劣的环境下，《野草》杂志依然顽强地继续保持着明快、精悍、辛辣、尖锐的风格，并加大了反法西斯战争、揭露国民党反动派黑暗统治的力度，一直保持着桂林抗战文化城的代表性革命刊物的重要地位。

1943 年 6 月，因《野草》杂志得罪国民党当局，国民党当局以"节省纸张"为借口，正式下令注销了《野草》杂志的登记出版执照。随后，秦似辗转于桂林良丰、玉林博白等地，做老师、参加抗日起义等，以至传出他牺牲或被捕的消息。1946 年 6 月，秦似抵达香港，与邵荃麟、夏衍等取得联系。同年 9 月，《野草》杂志的多数同人到达香港后，一同策划让《野草》杂志通过变通方式在香港得以复刊重生，继续抨击国民党反动派的倒行逆施，欢庆中国人民解放军的节节胜利，为即将诞生的新中国讴歌。《野草》杂志的忠实读者们惊喜地看到，这"株"压不死的"野草"倔强地重新冒出地面了。秦似仍如先前一样，肩负主要的编辑任务。艰难复刊后的《野草》杂志为不定期丛刊，1948

年出到第十一期时，又被当局查封。后来，它还改头换面出了两期，就迎来了新民主主义革命的胜利。它在这一段历史中所起的推动作用，在广大群众中所起的积极影响，是任何力量也代替不了的，它出色地完成了党寄予它的历史使命①。

秦似创办《野草》杂志的过程本身就是野草精神的生动诠释：他以勇于牺牲的精神来面对困难，不断创造新生。

秦似的事例是自近代以来中国学者追求救国救民道路中的典型事例。他们不以自己的力量如野草般而感到卑微，而是勇于在苦难的时代中锻造自己，为中华民族的独立和解放作出积极贡献。正是他们与同时代所有中华民族英烈的共同努力，才奠定了今日实现中国梦的基础。不忘《野草》杂志和秦似时代的野草精神，继续将其继承和发扬，中华民族的复兴之路才会更坚实宽广。

---

① 杨东甫. 秦似传略 [J]. 社会科学家，1987 (6)：64-73.

秦似的成名及其杂文写作①

黄伟林②

在我的印象中，民国时期的广西作家，能够进入主流文学史的，好像只有秦似和华山两人。有意思的是，这两位广西作家都是以散文文体著名。其中，秦似擅长的文体是杂文，华山擅长的文体是报告文学。杂文和报告文学都是散文这个门类中的边缘文体，其文学性有时会受到质疑。秦似对此多有反思，他在《秦似杂文集》的《前言》中说过："（写杂文，）我只是当作一件工作来做，算不算文学什么玩艺儿，是不大管的。"③他还专门写过一篇《为杂文说几句话》的文章，其中也说道："我写几篇杂文，过去只当一件工作来做，并不认为就是文学的事业。积数十年之习惯，现在也还有时要写一写。至于有人说它是文艺，有人说算不得，我颇淡然置之，或者像广东人说的那样：

---

① 本文为广西第三批特聘专家"广西师范大学广西抗战文化暨桂林文化城研究"岗位（编号 2014B014）阶段性成果。

② 黄伟林：文学博士，广西师范大学文学院教授、博士生导师，广西桂学研究会副会长，广西文艺理论家协会副主席。

③ 秦似. 秦似杂文集［M］. 北京：生活·读书·新知三联书店，1981：前言.

懒理。"①

杂文究竟算不算文学呢？

在我看来，如果文学取广义的理解，杂文毫无疑问是文学的一个门类；如果文学取狭义的理解，比如人们心目中的纯文学，杂文则在纯文学范围之外。

这个不属于纯文学的文体，因为鲁迅的缘故，曾经大放光彩，因此，许多权威的中国现代文学史都为会杂文开辟专门章节，秦似正是在这样的机遇中，进入了主流的中国现代文学史。

一、主流文学史对秦似杂文的评价

我这里说的主流的中国现代文学史，主要以王瑶的《中国新文学史稿》、唐弢的《中国现代文学史》和王瑶的弟子钱理群、温儒敏、吴福辉的《中国现代文学三十年》为代表。

在王瑶的《中国新文学史稿》中，有关秦似的文字主要有这些：

> 抗战开始后，有的人以为既然大家已经团结抗战了，对于社会或政治现象就不应该再取尖锐的讽刺态度；因此像鲁迅那样的杂文已经过时了，不再需要了；说杂文好像炸弹，如果在自己的阵营里也玩起这个武器，是非常危险的。这其实就是一种取消批评和斗争的右倾文艺思想；实际上如果真的取消了批评，那团结也不会巩固的，更不用说经得起战斗了。事实上在抗战阵营里有的是消极抗战、积极反人民的人物，社会上有的是阻碍进步的黑暗势力，文艺如果要负起它教育人民坚持抗战的任务，就绝不能放松了它在思想战线上的斗争；因此杂文这一形式不但仍然需要，而且是必须努力加强的。像上海出的期刊《鲁迅风》，桂林出的期刊《野草》，就都是专门登载杂文的刊物。

---

① 秦似. 为杂文说几句话 [M] //秦似. 秦似杂文集. 北京：生活·读书·新知三联书店，1981：693.

此外各地报纸的副刊中也常有这类作品，如重庆的《新华日报》的《新华副刊》，《新蜀报》的《蜀道》，就常常登载一些杂文。《野草》的成绩最好，曾经出过一套"野草丛书"，可以说是杂文作者的总集，得到过很多读者的爱好①。

上面文字中提到的期刊《野草》，就是秦似负责编辑的。在中国现代文学史家王瑶看来，《野草》是抗战时期最好的杂文刊物。

王瑶对秦似的杂文有简评，他是这样说的：

秦似的《感觉的音响》中共分四辑，第一辑为随感，第二辑是论述妇女问题的，第三辑是关于文化方面的，第四辑是关于历史时事的。所论虽不能说深刻入微，但直书所见，也很有启发读者的作用②。

唐弢的《中国现代文学史》涉及秦似的文字主要有：

在大后方，以桂林出的期刊《野草》，重庆《新华日报》的《新华副刊》，《新蜀报》的《蜀道》等为阵地，发表了大量杂文。《野草》由夏衍、宋云彬、聂绀弩、孟超、秦似等五人合编（第三卷第五期起由秦似个人编辑），一九四〇年八月在桂林创刊，出至一九四三年六月第五卷第五期止，历时三年，解放战争时期又在香港复刊，续出十一集，另有新集二本。这是一个专登杂文的小型刊物，每期文章篇幅短小，笔锋犀利，不仅原来擅长杂文的作家为它写稿，南社领袖柳亚子，国际问题专家胡愈之，还有郭沫若、茅盾、田汉等，也都经常向《野草》投寄杂文。刊物不仅动员了老作家，还培养了一批年轻的

---

① 王瑶. 中国新文学史稿 [M]. 上海：上海文艺出版社，1982：536-537.
② 王瑶. 中国新文学史稿 [M]. 上海：上海文艺出版社，1982：538.

杂文作者，在反对法西斯、反对投降，在批判陶希圣、周作人、"战国策"派方面，发表了较为集中、较有系统的文章，和《群众》《新华副刊》等相呼应，产生了相当广泛的影响。刊物还出版了《野草丛书》，计初集十种，二集三种①。

唐弢对秦似的杂文亦有简评：

> 秦似著有《感觉的音响》一册，收短文三十二篇，多为三十年代"花边文学"的继续②。

这段文字极为简约，除说到秦似杂文的代表作为《感觉的音响》之外，关键词是"花边文学"。"花边文学"是鲁迅后期一部杂文集的名字，唐弢的《中国现代文学史》对《花边文学》有较为充分的分析，称之为"鲁迅对于社会批评的进一步的开拓"③，"代替政治上的直接谴责，《花边文学》是更加深化了的对于国民党统治下许多腐朽现象的批判，它从精神状态上展示了一个正在沉落的社会面貌"④。根据该书对鲁迅《花边文学》的分析，可以看出，该书认为秦似的杂文具有"社会批评"的特点，其内容亦是对国民党统治下许多腐朽现象的批判。

钱理群、温儒敏、吴福辉的《中国现代文学三十年》也专门写到了秦似及其编辑的杂文期刊《野草》：

> 国统区在艰苦环境下坚持鲁迅杂文传统的，有围绕着文学杂志《野草》形成的以聂绀弩、秦似、夏衍等为代表的杂文作家群。《野

---

① 唐弢，严家炎. 中国现代文学史（三）[M]. 北京：人民文学出版社，1980：157.
② 唐弢，严家炎. 中国现代文学史（三）[M]. 北京：人民文学出版社，1980：161.
③ 唐弢，严家炎. 中国现代文学史（二）[M]. 北京：人民文学出版社，1980：90.
④ 唐弢，严家炎. 中国现代文学史（二）[M]. 北京：人民文学出版社，1980：92.

草》1940 年创刊于桂林，遭当局勒令停刊后迁香港改月刊为旬刊。桂林期间还出过"野草丛书"13 种。郭沫若、茅盾等都为它写过文章，秦牧、周而复等青年作者在此崭露头角①。

《中国现代文学三十年》对秦似杂文的评价比前面两部中国现代文学史略高一些，它是这样说的：

秦似（1917—1986）也是鲁迅的后学。他的杂文用广博的生活与历史知识做基础，厚积薄发，舒缓有致，文化气息较浓重。如《随谈两则》从中国人的时间观念谈起，批评了"浮生若梦的人生哲学"，并讨论了国民性普遍的弱点。其行文如同拉家常，说闲话，却又诙谐精到，充满智慧。他更多的文字是对抗战中的官僚统治的积弊，予以揭露。主要杂文集有《感觉的声音》《时恋集》《在岗位上》等②。

除上述三部主流的中国现代文学史之外，还有两部中国现代散文史值得一提。一部是俞元桂主编的《中国现代散文史》。由于该书是中国现代散文专史，因此，其对《野草》及秦似杂文的论述就有了较大篇幅，专设了《桂林〈野草〉杂文作家群》一节，其中有数百字专论秦似：

秦似（1917—1986），广西博白人，这时期著有杂文集《感觉的音响》（1941）、《时恋集》（1943）、《在岗位上》（1948）等。秦似在 30 年代主要从事诗歌创作，1939 年系统地读了《鲁迅全集》，深为鲁迅的杂文所吸引，开始杂文创作。他把杂文投给夏衍主编的桂林《救

① 钱理群，温儒敏，吴福辉. 中国现代文学三十年（修订本）[M]. 北京：北京大学出版社，1998：605.
② 钱理群，温儒敏，吴福辉. 中国现代文学三十年（修订本）[M]. 北京：北京大学出版社，1998：606.

亡日报》，从此与夏衍相识，并向他建议创办一个形式活泼、专刊短小杂文的杂志。此后，秦似便成了《野草》的五人编辑之一，具体负责《野草》的编务，对《野草》的编辑、出版、发行起了重要作用。

秦似同《野草》社中的夏衍、聂绀弩、宋云彬、孟超等前辈作家相比，是个血气方刚的青年，他的杂文尖锐泼辣，锋芒毕露，热情奔放，明快流畅。尤其是那些同"战国策"派论争的杂文和"妇女问题讨论"中的论战性杂文，更显得犀利泼辣，虎虎有生气；他的杂文体式多样，包括各种形式的短评、杂感和札记，发刊词、编后记式的杂文，抒情、记叙散文式的杂文，散文诗式的杂文以及讽刺式的杂文。他较有特色的杂文，是刊在《野草》上的《斩棘集》《剪灯碎语》《吻潮微语》《芝花小集》和刊在香港《文汇报·彩色版》上的《丰年小集》，这类两三百字、直接抨击弊政和陋习的匕首式短评构成秦似杂文创作的主要部分。秦似的杂文，没有夏衍的简洁隽永，聂绀弩的汪洋恣肆，宋云彬的严谨博识，孟超的俊逸洒脱，显得热情有余而涵蕴不足，但也自有其蓬勃的朝气①。

俞元桂的《中国现代散文史》对秦似的评价比较到位，将其置放在野草作家群中比较，既看出其不足，亦看出其特点。

另一部是黄开发主编的《中国散文通史·现代卷》，该书设有《〈野草〉作家的杂文》专节，其中有关秦似的评价内容与俞元桂的《中国现代散文史》相似。

二、桂林文化城成就的杂文家

王小莘、吴智棠的《疾风劲草——秦似传》认为："1940年对于秦似来说，

---

① 俞元桂. 中国现代散文史（修订本）［M］. 济南：山东教育出版社，1997：404 - 405.

是命运的转折点。"①

此言不虚。1940年，在贵县开办"抗战书报供应社"的秦似给时在桂林的《救亡日报》投稿，在《救亡日报》连续发表几篇文章并得到夏衍约见后，决定到桂林发展。当时的桂林已成为著名的文化城，到桂林后，秦似如鱼得水，最初由夏衍介绍做了一份家庭教师的工作，同时读书写作，短短时间内，就在桂林的报刊《救亡日报》《力报》《中学生》《广西日报》发表了十多篇杂文，逐渐认识了不少桂林的文化界人士。

当年才23岁的秦似，初生牛犊不怕虎，提出了创办一个杂文刊物的想法②，得到了夏衍的支持。由夏衍约集，组成了由夏衍、宋云彬、聂绀弩、孟超和秦似的五人编辑团队，于1940年8月创办了《野草》刊物。五人编辑团队中最年轻的秦似，承担了组稿、跑印刷厂、联系发行等许多工作。按照杜宣的说法，"他（指秦似）和夏衍、绀弩、宋云彬、孟超等创办《野草》编辑工作，实际上是他一人担任"③。聂绀弩也有类似说法，"《野草》……其实是刚露头角的秦似挂帅"④。由此可见，秦似不仅是《野草》重要的撰稿人，而且是《野草》最重要的编辑者。

为什么说桂林文化城成就了秦似？

两个理由。

第一个理由是秦似到了桂林文化城才进入了当时中国的左翼文化圈，结识了夏衍、聂绀弩、宋云彬、孟超、骆宾基、秦牧、端木蕻良、茅盾、柳亚子、杜宣等这些左翼文化人。这个朋友圈很重要，它帮助秦似在后来的主流文化圈占据了一席之地。

---

① 王小莘，吴智棠. 疾风劲草——秦似传［M］. 桂林：广西师范大学出版社，2010：39.

② 秦似. 回忆《野草》［M］//秦似. 秦似杂文集. 北京：生活·读书·新知三联书店，1981. 在夏衍的《悼秦似》一文中，夏衍称孟超曾向他提议办一份以杂文为主的杂志，但孟超不愿意当专职编辑，于是夏衍找到了秦似.

③ 杜宣. 忆秦似［M］//秦似纪念文集编委会. 回忆秦似同志. 桂林：广西师范大学出版社，1988：14.

④ 王小莘，吴智棠. 疾风劲草——秦似传［M］. 桂林：广西师范大学出版社，2010：44.

第二个理由是秦似只有到了桂林文化城才可能参与《野草》的创办并主持《野草》的编辑出版工作。《野草》作为一个杂文刊物，具有很强的战斗性。正是它的战斗性和影响力才使它在后来的主流文学史获得了地位。

秦似因为负责《野草》的组稿，因此结交了大量知名作家。《回忆〈野草〉》有这样一段文字：

> 在《野草》出刊的两年多中，得到国统区内许多进步作家的支持。郭沫若、茅盾、柳亚子、何家槐、艾芜、荃麟、葛琴、林林、周钢鸣、司马文森、黎澍、秦牧、华嘉、韩北屏等，经常为《野草》写文章。郭沫若同志寄来《我的青年时代》等文，他那时在重庆，对这个小刊物却是很关切。茅盾同志来桂林稍晚，住在丽泽门外一间公寓式楼房的底层，只占一间斗室，没有厨房，炉灶就在门口边，吃饭是在走廊上。就在这样的环境下，他一面赶写《霜叶红似二月花》，一面给《野草》写连载多期的《雨天随笔》……柳亚子先生身体不大好，但对《野草》约稿，有求必应，从未推却过。他对南明历史有很深刻的研究，写过多篇以南明史事为题材的文章给《野草》①。

这些作者都为后来主流文学史关注的作家，他们作为撰稿人的刊物，当然会受到后来主流文学史的重视。

《野草》究竟有多大的影响力？

从秦似的回忆中或可见一斑。在《回忆〈野草〉》一文中，秦似写道：

> 特别值得提到的是，当时毛主席在延安指导着全国的革命运动，日理万机，但还注意到这个小小的刊物，嘱人每期寄给他两份。皖南

<del>---</del>

① 秦似. 回忆《野草》[M] //秦似. 秦似杂文集. 北京：生活·读书·新知三联书店，1981：580.

事变之后，敬爱的周总理在重庆，也是要务纷繁，但曾两次叫人传达他对《野草》编辑方针的意见。总理指示我们，既要勇于斗争，又要学会善于斗争，文章不要写得太露，要注意斗争方式，注意在斗争中保存自己。《野草》之所以能够在那样险恶的环境中出版达两年多之久，正是我们执行了周总理这一指示所取得的胜利[①]。

这段文字很重要，它能帮助我们理解为什么主流的现代文学史如此重视《野草》这个刊物。

三、秦似杂文的价值

那么，作为杂文家的秦似，其杂文具有怎样的价值？

上面我引述了多部主流文学史对秦似杂文的评价，这里不妨引述一些秦似的文友对秦似杂文的评价。

夏衍在《悼秦似》中说："而最年轻的秦似，则既管杂事，又写文章，几乎每期都写，他扭住《战国策》的那批'名教授'们不放，穷追猛打，一批到底。"

从夏衍这句点评，可以看出秦似桂林时期的杂文批判性很强。

秦牧在《怀念秦似》中说："这些作品文字精练，涉猎广泛，真诚率直，议论纵横，我们可以看到，它受鲁迅杂文影响的深刻痕迹。"

秦牧点评的是《秦似杂文集》，《秦似杂文集》出版于1981年，是秦似1940年至1980年长达40年的杂文选集，也就是说，秦牧概括的是秦似所有杂文的特点。

冯英子在《眷眷深情悼秦似》中说："近半个世纪来，秦似一直是文坛的健将，杂文的名家。他的杂文，涉及面的广泛，内容的尖锐泼辣，都是比较少

---

① 秦似. 回忆《野草》［M］//秦似. 秦似杂文集. 北京：生活·读书·新知三联书店，1981：581.

见的，特别是他敢于写，勇于写……"

冯英子强调的是秦似杂文的涉及面广和尖锐泼辣。

端木蕻良在《忆秦似》中说："他写杂文，抓住要害，旁敲侧击，不枝不蔓，但又韵味浓郁。"

端木蕻良所说的旁敲侧击与韵味浓郁，是对秦似杂文艺术性的品评。

杜埃在《忆秦似二三事》中说："他的杂文泼辣、深刻，颂扬抗战中的团结、进步，批判顽固派的种种倒行逆施和反动腐败现象，立场坚定、旗帜鲜明，为反法西斯战争胜利而欢呼。《野草》在当时的西南地区是一份很有影响的杂志，拥有一批擅写杂文的能手，而秦似的杂文横扫千军，脍炙人口。"

杜埃说的是秦似桂林时期杂文的战斗性。

曾敏之在《悼念秦似兄》中说："他的杂文很锋利，是继承鲁迅文风而来，针砭时弊，揭露丑恶，当年颇令国民党统治者忌恨，后来《野草》就被封了。"

曾敏之的评语强调的仍然是秦似杂文的战斗性。

余所亚在《悼念挚友秦似》中说："他的文章的显著特色，在于富有时代精神。"

上面引述文字，皆出自秦似去世后作者们所写的怀念文章，颇有"盖棺论定"的意思。概括起来，秦似杂文最大的特点在于战斗性。而这种战斗性，是与特定的历史时代相联系的，也就是余所亚所说的"时代精神"。

端木蕻良在《忆秦似》中有段话说得颇有意思："我认为应该把秦似同志和其他作家的杂文编出选集，并且尽可能地加以注解，使后来的人们可以从中看到我们的历史是怎样走过来的，能够更好地继承和发扬这种文学形式。"①

端木蕻良这段话实际上说到了秦似杂文的历史价值。

不得不承认，"时过境迁"，秦似许多杂文，特别是那些富于战斗性的杂文脱离了那个具体的历史时代之后，其艺术魅力已经大打折扣。而其中有些文

---

① 以上有关秦似散文的评价文字，皆出自广西师范大学出版社 1988 年 11 月出版的《回忆秦似同志》中收录的相关作者的文章。

章，如果没有注释，读起来会非常费解，甚至无法理解。但这并不意味着秦似的杂文没有价值。当年秦似的杂文曾经鼓舞、感染过许多读者，这是历史事实，也是秦似杂文的重要价值所在。

不过，即便如此，秦似仍然有不少杂文葆有其价值，特别是那些说文谈艺、写山水、讲历史、记人物的杂文，今天读起来，仍然有较强的知识性、思想性和可读性。

不妨浅说几例。

比如《想起欧元霞》。这是一篇千字左右的短文，写的是湘剧演员欧元霞。作者是以回忆的视角写这个人物的，写的是 1942 年至 1944 年欧元霞在桂林演出的情景。欧元霞是当时湘剧中班辈最老、声望最高的做派须生，《杀惜》为其绝艺。文章中这样写道：

> 他已是年近六旬，但每一上场，观众就屏息绝响，全神贯注。他的嗓子是沙哑的，但每一句台词都很有分量。特别在找公文袋时"呀"的那几声，表现出宋江非常着急而又极力隐忍的心情，舞台气氛浓郁得很。而当他回忆公文袋如何失落时，从开门，解下带子，睡觉时压在枕头下面，到起来后挟在腋窝，一开门，却掉了下来，这一连串的复叙性的虚拟动作，都节奏分明，线条劲朗，没有丝毫的懈忽可寻。别的演员演这一节时，这一切过程也做了，但却很少有能如他那样，给每一个细节贯注入真实的感情，恰到好处。这一场戏，从此就进入了高潮，而欧元霞在被迫写休书和刺杀上，也都做到了既有激烈的情绪，又毫无过火的地方，堪称炉火纯青的化境①。

这段文字，有描写、有议论，有概括、有细节，有直抒、有比较，观察角

---

① 秦似. 想起欧元霞［M］//秦似. 秦似杂文集. 北京：生活·读书·新知三联书店，1981：437-438.

度多元，表达方式多样，内容丰富而不杂乱，文字准确传神而简洁，一个表演艺术家的形象在他的笔下栩栩如生，给人留下深刻印象。

又比如《我的第一个语文老师》。文章稍长，大约有 3000 字，写的是一位叫韦碧海的老师。文章写到这位老师的一个与众不同之处：

> 他还有一个与众不同之处，在大热天，喜欢带着全班学生到树荫下面去上课。离学校半里以内的四五棵荫可半亩的大榕树、龙眼树、荔枝树下，都成了我们上课的场所。一到了这场合，他就把长衫脱下，手里的鹅毛扇也放在一旁，那把椅子只供他放杂物，而神采奕奕地站在那儿，手里捧着课本，讲上大半个小时也毫无倦态。学生们则是围个圆圈坐在地上，秩序井然。当然没有黑板，但他除了很不得已时也向大家"书空"——向空中画字之外，几乎总是用生动形象的解释来代替板书。由于这样，每当他一声令下，大家莫不欣然景从，乐得跟他到外边去上课。而抬一把椅子的任务，一般总是值日生负担①。

如果上面有关欧元霞的文字精确地写出了欧元霞的技艺，那么，这段有关韦碧海的文字则生动地写出了韦碧海的个性，而且还很有效地呈现了南方特有的景物环境。这段文字还隐含有一种秦似杂文少有的气质，即幽默。

还比如《谈游山玩水》。这是一篇典型的杂文，其中谈到司马迁、谢安、刘伯温的掌故，作者没有人云亦云，而是谈自己的见解，这是杂文可贵之处。特别是关于林逋的故事，历史上提到"梅妻鹤友"往往都是艳羡的态度，但作者明确表示不艳羡。他还提到桂林龙隐岩石壁上的题刻，指出百分之八十以上是出自南宋人手笔。何以如此？他的回答是"一则天下小了，到'蛮荒'公干的人多了；二则恐怕就是和靖气味大大地发展起来了的缘故"②。

---

① 秦似. 我的第一个语文老师［M］//秦似. 秦似杂文集. 北京：生活·读书·新知三联书店，1981：563.

② 秦似. 谈游山玩水［M］//秦似. 秦似杂文集. 北京：生活·读书·新知三联书店，1981：550.

秦似的推理是否正确，难以判断。但他的推理有一定的道理，也有一定的个性。杂文之所以具有文学性，就在于其有个性，否则就如同客观的论文，不能进入文学的范畴了。

四、秦似晚年杂文的反思

夏衍在《悼秦似》一文中说：

> 1980 年我看到他写的一篇谈李商隐的《锦瑟》的文章，才隐约地察知了他一直不愿告人的隐痛。这篇文章中说："李商隐在《锦瑟》里，到底'自伤'些什么呢？这是比较易于明白的，李商隐一生处于牛李两党的封建势力派系斗争的夹缝之中，在政治上一直感到失望和苦闷，他的'自伤'正在于此。"文章中还引用了《一瓢诗话》中的一段话："锦瑟一篇，解者纷纷，总属臆见，余幼时读之，确有悟入，觅解人甚少，此诗全在起句'无端'二字。通体妙处，俱从此出。"秦似在这里终于点了题，他说："无端等于说没来由也，就是说有点莫名其妙。"在这里，"无端"是个双关语，作者伤叹自己白白活了快 50 年。在我们所处的这个时代，"无端"的事，实在太多，因无端而自伤自艾，白白地浪费年华的事，也实在太多了！读了他在 80 年代写的这篇文章，我也"确有悟入"，只能掩卷长叹了①。

秦似《谈〈锦瑟〉》一文写于 1980 年 6 月 2 日，他指出李商隐《锦瑟》一诗是李商隐对自己陷入牛李两党的封建势力派系斗争的夹缝之中而浪费了大好华年的自伤。夏衍认为秦似与李商隐有相似的经历，因此该文亦是秦似对自己人生经历的自伤。秦似与李商隐是否有相似的经历呢？夏衍的文章在解读秦似

---

① 夏衍. 悼秦似［M］//秦似纪文集编委会. 回忆秦似同志. 桂林：广西师范大学出版社，1988：4-5.

这篇文章前面，专门提到秦似曾被戴过一顶"没有在解放区受过锻炼的""香港派"的帽子。原来秦似在感叹李商隐所受的派系之累的同时，也在"自伤"自己所受的派系之累。夏衍指出秦似谈李商隐的"自伤"，其实隐含了秦似本人的"隐伤"，而夏衍在指出秦似的"隐伤"时，则是明确表示他自己也"确有悟人"，也就是说，他也有与李商隐与秦似相同的"隐伤"。

夏衍是秦似杂文写作的引路人，也是秦似革命道路的引路人，后来曾因潘汉年事件受牵连，"文革"中更是难逃厄运，他解读秦似的文章，确如秦似的女儿王小莘所说"他们的心灵息息相通"①。

对派系斗争的思考，并不只有《谈〈锦瑟〉》。《谈〈锦瑟〉》一文写作一个月后，1980 年 7 月 10 日，秦似又写了《建安文人中的政治派别》，可见秦似对政治派别有着持续的思考。这篇文章的主人公是曹操和杨修。

曹操杀杨修是中国历史上的公案，著名的"鸡肋"典故即出自杨修。杨修才华横溢，曹操是爱才之人，为什么杀了杨修？秦似在《建安文人中的政治派别》一文中告诉我们，曹操不仅杀了杨修，而且在杨修之前，已经杀了孔融，并假他人之手杀了祢衡。杨修虽然性格上不像孔融、祢衡那样"张狂"，但最终仍为曹操所杀，原因何在？

在秦似看来，杨修虽然性格深沉，但他的所作所为仍然透露了他的内心世界，曹操看穿了他内心的隐秘，从而产生恼恨之心。

然而，仅仅受到曹操恼恨远不至于惹来杀身之祸。秦似认为，曹操杀杨修，深层原因在于"他同曹植关系很好，在曹丕曹植争夺权力的斗争中，他是站在曹植一面的"。

为了说明曹操杀杨修不是意气用事，秦似还将陈琳与杨修作了对比，指出："陈琳也骂过曹操，并把他的父亲也骂了，但曹操终于能容忍，这更说明了曹操不是从表面看人，而是按文人中的政治派别来区别对待的。"

虽然《建安文人中的政治派别》一文所讲多是杨修的故事，但文章开头和

---

① 王小莘，吴智棠. 疾风劲草——秦似传［M］. 桂林：广西师范大学出版社，2010：224.

结尾的核心人物都是曹操。文章第二段指出：

> 曹操一方面把许多文士拉到他身边，但同时，对于那些有傲气、不讲他好话的文人，却是很不放心。从他先杀孔融，后杀杨修，便充分说明曹操对政治上的反对派的容忍是很有限度的。

《建安文人中的政治派别》这篇文章并不长，从题目到内容却反复出现"政治派别"这个词或相关意思的句子，如"他（杨修）是站在曹植一面的""曹操不是从表面看人，而是按文人中的政治派别来区别对待的""曹操对政治上的反对派的容忍是很有限度的"等。可见秦似对"政治派别"问题是思考颇深的。

文章结尾段呼应前文："为曹操翻案是可以的，但曹操也并非就没有可以批评的方面，就在他活着的时候，也是有人批评他的。只不过那代价很大，孔融、祢衡和杨修之死就是例证。"

无论是解读李商隐的《锦瑟》，还是分析曹操杀杨修，虽然秦似谈的都是历史，但正如夏衍在读《谈〈锦瑟〉》时所察知的，秦似写的不只是李商隐的"自伤"，那么，《建安文人中的政治派别》写的也不只是历史上的曹操杀杨修这段往事，而是"政治派别"对国家、对文人的伤害。

在鲁迅光辉下的创作
——论秦似在桂林文化城的杂文作品

王云杉[1]

秦似在 20 世纪 40 年代初开始创作杂文，他的作品始终与鲁迅杂文有着紧密的联系。在新时期的一篇回忆文章中，秦似提到青年时期的他对鲁迅杂文作品的热爱之情。他说："一九三九年因帮助生活、新知书店做书籍转运的工作，我有机会见到《鲁迅全集》，在几个月内，贪婪地把那里面的杂文全看了一遍。[2]"随后，秦似读过一些毛主席的文章和马列主义著作，并以杂文的形式，给《救亡日报》投稿。随着《作家二例——谈佛列达屋地利与赛珍珠》等文章陆续发表，秦似的杂文创作才华得到夏衍的认可和赞扬。夏衍写信要求秦似与他见面。1940 年 3 月，秦似从桂南来到桂林[3]。随后，秦似与夏衍、聂绀弩、宋云彬、孟超等人在桂林创办并共同编辑《野草》杂志。

① 王云杉：云南昆明人，广西师范大学 2016 级硕士研究生，研究方向：中国当代文学。
② 秦似. 回忆《野草》[M] //秦似. 秦似杂文集. 北京：生活·读书·新知三联书店，1981：574.
③ 苏关鑫，雷锐，黄绍清，等. 旅桂作家 [M]. 南宁：广西人民出版社，1989：688.

秦似回忆，《野草》得名"倒不是为了因袭鲁迅，而是觉得在那样的时局下，这个刊名可能给社会和文坛带来一点生气，引人略有所思"①。这样看来，刊物的命名似乎与鲁迅并没有紧密的关联。不过，这份杂志的创刊号写着："它只希望给受伤的战斗者以一个歇息的处所，让他们退到野草里，拭干伤口的血痕，略躺一会儿。如果因疲劳而至于饥饿，则挖几把草菇，也聊胜于无。虽然没有维他命，更不能同时做药，倒是可以恢复一些元气，再作战斗的。"②结合创刊宗旨和《野草》杂志的文章来看，鲁迅对他们的影响似乎是不自觉的，无意识的。秦似等人的杂文创作深受鲁迅影响，被文学史家称为"鲁迅风杂文作者"。有论者对秦似的全部杂文作品进行了系统研究③，也有论者对秦似在桂林期间的杂文写作展开深入挖掘④。这些研究对于我们了解秦似杂文的艺术特色很裨益。不过，它们似乎还不能全面深刻地阐述秦似杂文的艺术魅力所在。

纵观秦似的杂文创作生涯，我们发现，中华人民共和国成立之后，秦似的创作兴趣由杂文转向戏剧。另外，在新的环境中，由于种种主客因素的影响，秦似减少杂文创作的数量，降低杂文的思想性和批判锋芒⑤。因此，秦似的杂文创作高峰基本停留在 20 世纪 40 年代。当前，学界对秦似在桂林期间杂文作品的研究还缺欠一些深度。论者虽然对这些作品的主题内容和艺术特色进行了详细而准确的概述，但是对作品的分析仅仅局限在秦似杂文本身，研究视野还不够开阔，未能进一步阐述秦似杂文的艺术价值。论者尽管看到鲁迅作品对秦似杂文写作的巨大影响，但对二者之间关系的理解还有些简单。一方面，秦似在遣词造句、文章结构和思想意蕴层面对鲁迅杂文进行的模仿，虽然未必达到

---

① 秦似. 回忆《野草》[M] //秦似. 秦似杂文集. 北京：生活·读书·新知三联书店，1981：576.

② 秦似.《野草》月刊发刊语 [M] //秦似. 秦似杂文集. 北京：生活·读书·新知三联书店，1981：3.

③ 马树春. 略论秦似杂文的美学风貌 [J]. 广西社会科学，1998 (1).

④ 吴立德. 论秦似抗战时期的杂文 [J]. 广西民族学院学报（哲学社会科学版），1990 (2).

⑤ 秦似. 秦似杂文集 [M]. 北京：生活·读书·新知三联书店，1981：3-4.

以假乱真的程度，但是文章的形和神都很像；另一方面，秦似从鲁迅作品背后的精神资源那里汲取精华，在保留自己独特的写作风格的基础上，将其注入自己的杂文作品中，增加作品的批判力度和思想深度。总体上看，秦似在桂林期间创作的杂文作品不满足于对鲁迅杂文的细致"临摹"，他力求在文章中写出自己对问题独特而深刻的见解。这些文章既沾染着鲁迅的光辉，又有秦似自己的艺术特色。在此，我们以创作时间和文章的思想内容为切入，对秦似在桂林期间的杂文进行简单梳理。

一

1941 年，围绕妇女的生存权利和社会地位等问题，秦似先后发表《"女性应该安于生物的平等"论》《女子·圣人·革命》《男女与职业》《"女子能力不及男子"论》《"挽狂澜于既倒"》等文章。在这些文章中，可以看出秦似对鲁迅《娜拉走后怎样》等一系列妇女专题的文章几乎过目不忘。秦似在《"女性应该安于生物的平等"论》中，像鲁迅驳斥他人的杂文那样，首先将《野草》杂志的论敌文章摘取一部分，然后对其进行分析，指出其中的不合情理之处。在文中，秦似从生物知识出发，并从西方的《圣经》和中国的《诗经》中，列举出与女性有关的部分。通过中西文化对比，秦似有力地论证女性获得全面解放的前提在于社会经济、政治、文化等方面制度的变革，从而提出："在没有经济上政治上的平等以前，女人反抗的效果是不会大的，何况还有无形的礼教宗教在抑止着反抗的动机。"① 在文末，秦似暗示人们应该为女性解放而进行斗争。"然而在鏖战的此刻，勇敢的战士们又偏故作镇静，搬弄知识。"② 此处论点是鲁迅的，论证却是秦似的。在写作过程中，秦似以自己的论证方式表现鲁迅的思想，或者以鲁迅杂文中诘问的语调，表达自己对问题的独到见解，这在

---

① 秦似."女性应该安于生物的平等"论［M］//秦似.论秦似杂文集.北京：生活·读书·新知三联书店，1981：17.

② 秦似."女性应该安于生物的平等"论［M］//秦似.论秦似杂文集.北京：生活·读书·新知三联书店，1981：18.

其他几篇关于妇女问题的文章也有体现。在《男女与职业》中，秦似认为男女真正的不平等在于"一切依赖男性，服从男性后，就必须以男性的主张为主张，男性的荣辱为荣辱"①。又如《"女子能力不及男子"论》，秦似驳斥论敌的观点后，指出"即使有很少的女性获得了抬头的机会，也终归要被削低、刷平的"②。这些思想是秦似提出的，而不是对鲁迅思想的抄袭。它们在今天看来，依然具有不小的启发意义。从这些关于女性问题的杂文来看，秦似认同鲁迅的部分观点，主张社会变革先于妇女解放。同时，秦似对女性问题也有自己的思考，尽管他提出的思想不如鲁迅深刻。

妇女问题是秦似在 20 世纪 40 年代杂文创作的主题之一。1944 年，秦似针对当时骇人听闻的活埋妇女案件，发表了《吃草和"宪法"》《暴露了谁》等文章，其中不仅对女性问题阐发深刻的见解，而且还对现实生活中的黑暗面进行强烈的批判："千百年来，中国妇女所处的不平等地位，决不是笼统的'中华民国国民在法律上一律平等'条文可以使之平等的。"③ 秦似发现，女性要想获得真正的平等和应有的权利，不能仅仅寄希望于法律条文。对于戕害弱者的"帮凶"，秦似在《吃草和"宪法"》中，以反语和打油诗的形式对其进行辛辣的讽刺。妇女、儿童的生存与权利问题在秦似 20 世纪 40 年代的杂文中占有较大的比重。随着抗战形势发生变化，大后方的种种丑恶现实不断暴露在人们面前。因此，秦似在关于妇女问题的杂文中，增加了对黑暗事物进行批判的内容。1944 年离开桂林以后，秦似创作了一些反映妇女苦难生活的文章，借以批判国民党当局的统治，这容易让人联想到鲁迅《上海的少女》等文章。从这一系列杂文可以看出，秦似在写作的过程中，虽然从形式到内容都对鲁迅文章进行了模仿，但其中也不乏自己的创新。秦似在思想的深度方面或许难以超过鲁迅，但他在文中坚持用自己的行文方式表达其独特的思想，这是难能可贵的。

---

① 秦似. 男女与职业［M］//秦似. 秦似杂文集. 北京：生活·读书·新知三联书店，1981：32.
② 秦似. "女子能力不及男子"论［M］//秦似. 秦似杂文集. 北京：生活·读书·新知三联书店，1981：166.
③ 秦似. 吃草和宪法［M］//秦似. 秦似杂文集. 北京：生活·读书·新知三联书店，1981：166.

二

除了对妇女遭受的种种不平等进行抗议，秦似还与抗战大后方的一切黑暗事物进行斗争，这一点与鲁迅作品的精神实质相通。早在 1941 年发表的《谈黄花节》，秦似由黄花岗起义失败的悲壮历史联想到"不读革命史，或读革命史而只知感慨谀颂的人，是决不会知道历史的真实，也不了解革命的艰险的"①。随后，秦似又将国内的革命与法国大革命联系起来，发现二者之间的共同点："一批暴戾恣肆的国民军，在举枪残杀工人之前，悄悄地把自己所藏的傅立叶的书籍焚去，以思想纯正的公务人员自居，被杀的便是'乱党'了。"②秦似将中西历史进行对照，表达对革命队伍中形形色色的伪君子的批判，并在文末指出："黄花岗的血痕已经淡了，但它留下来的，是活的教训。"③这篇文章对叛变者的批判，以及告诫世人吸取历史教训的道理，极容易让人想起鲁迅在 20 世纪 20 年代发表的杂感。在形式上，秦似以中西历史对比的方式，给杂文增加知识量与批判力度，这与鲁迅有所不同。我们不难发现，在批判现实方面，秦似从鲁迅杂文中汲取写作精华的同时，也保留着自己的写作方式。

旅桂期间，秦似针对现实生活发言，对抗战大后方知识阶层的伪善与无知和当局的腐朽进行无情的批判。在《多余的感慨》一文中，秦似对论争对手"战国策派"的投降主义思想进行了揭露，指出那些看似有操守的人"不是一转身投靠到南京伪组织去，就是一抹脸孔，化为骂希特勒的英雄"。在揭开对手虚伪面目的同时，秦似模仿鲁迅嬉戏怒骂的语调，对他们进行冷嘲热讽："这当然是好的。但要记得历史，要站稳'自己的立场'，否则也难免露点小破绽，叫别人看出原是'打情骂俏'而已。"④秦似在批评论敌的同时又对其进行无情的嘲讽，这一点颇似鲁迅的笔法。与此同时，秦似对于论敌也有属于自己的批评方式，即通过中外历史事实的对比，指出对方思想、言行中的荒谬之

---

① ② ③ 秦似. 谈黄花节 ［M］ //秦似. 秦似杂文集. 北京：生活·读书·新知三联书店，1981：27.
④ 秦似. 多余的感慨 ［M］ //秦似. 秦似杂文集. 北京：生活·读书·新知三联书店，1981：50.

处。在此文的结尾，秦似写道："历史有力量埋没了威廉，也有力量埋没这些可怜的希望。"① 一语道破论敌的可笑之处，并给人以回味的余地。

我们翻阅这些批判现实的杂文，不难发现，秦似不仅向鲁迅学习杂文写作方法，而且在文中融入丰富的时政知识，加强论证的合理性和说服力。如《观察家的透视》，秦似摘录陈西滢的《德苏战争》的部分段落，并指出其中明显的谬误："世界上有名的军事家，有谁对苏联军备的'质料'和'构造'作过这么简单而'肯定'的'答复'么"②，进而指出对方"不带（戴）颜色眼镜，然而却有透视术"③。在此，秦似以自己的观察和思考，将一部分知识分子的无知与幼稚揭露于世人面前，颇有鲁迅杂文的犀利之风。在《清谈与漫话》中，秦似同样使用鲁迅先驳论后立论的方式，对当局政策进行详细而深入的分析之后，指出其中的矛盾："一面作拥护'禁止清谈'的评论，一面又无妨大登其'漫话'文章。"④ 对于当权者的腐败和无能，秦似在《急事闲谈》中写到两种形成鲜明对比的现实：对于普通民众而言，"抗战以来，米价就简直是一个恶魔，愈长愈高，没有人可以遏止它"⑤，与此同时，国民党高官依然享受"飞机运来的西餐"。我们从这些杂文中不难看出，秦似对于社会现实的猛烈批判，带有一些鲁迅杂文的风骨，也有自己的风格。秦似模仿鲁迅而又不过于拘泥，并在文中融入自己对社会的判断思考，为杂文作品增加了独特的艺术魅力。

三

秦似不仅对不合理的现存制度和黑暗的现实进行无情的批判，而且对毒害人心的种种错误思想展开激烈的斗争。针对当时"战国策派"的投降主义思想，以及被曲解的尼采超人哲学、权力意志思想，秦似以广阔的文史知识和丰

---

① 秦似. 多余的感慨 [M] //秦似. 秦似杂文集. 北京：生活·读书·新知三联书店，1981：51.
②③ 秦似. 观察家的透视 [M] //秦似. 秦似杂文集. 北京：生活·读书·新知三联书店，1981：64.
④ 秦似. 清谈与漫话 [M] //秦似. 秦似杂文集. 北京：生活·读书·新知三联书店，1981：102.
⑤ 秦似. 急事闲谈 [M] //秦似. 秦似杂文集. 北京：生活·读书·新知三联书店，1981：93 - 94.

富的时政新闻为材料，撰写了一系列反法西斯主义的杂文。这些文章与鲁迅杂文的精神实质具有紧密的联系。鲁迅以启蒙主义为旗帜，对"老中华儿女"身上的国民性格和心理弱点进行揭露与批判。秦似在鲁迅杂文体现的反抗、搏斗精神的影响下，通过写杂文，对意识形态领域的歪理邪说进行批评，以此与国际和国内的一切非正义力量进行抗争。在《关于国际青年反法西斯蒂》中，秦似指出"要使青年变成不会自由思索的机械，法西斯蒂拒绝承认一切思想的作用"①，这种对西欧思想领域层面清晰、准确的认识促使秦似发出像"救救孩子"那样震撼人心的呼声："要不是法西斯把全世界的青年置在自己的奴役和皮鞭之下，便是法西斯体系被全世界的人民团结起来的力量所摧毁，历史是最公道的见证人。"②

以反法西斯为主题，秦似随后写下的杂文更加具体形象，包含更多的历史文化知识，批判力度也随之增强。在《不能缄默》中，秦似将成吉思汗、拿破仑这两位"野蛮征服者"和当时法西斯的恶行进行对比，衬托法西斯的残暴与恶毒。随后，秦似列举中外某些"学者"的极端理论，一针见血地指出"人权遭着空前压抑的时期一种卑怯的、势利的、对暴力者真的'柔顺'的倾向"③。在此基础上，作者反复发出呐喊："缄默实际上就是助长无人道的屠杀，延长了人类空前的暗夜""对于欧洲被屠杀的和平人民，我们必须关怀，必须说话""只有全世界人民团结起来，才可以叫法西斯野兽淹死在无边的血泊里"④。在《恶魔与"疯狗"》中，秦似叙述斯大林格勒战役使世界反法西斯战争来到转折点之后，指出"世界人民反法西斯的重任，他们完全感到了，欣然担负起来

① 秦似. 关于国际青年反法西斯蒂［M］//秦似. 秦似杂文集. 北京：生活·读书·新知三联书店，1981：69.
② 秦似. 关于国际青年反法西斯蒂［M］//秦似. 秦似杂文集. 北京：生活·读书·新知三联书店，1981：72.
③④ 秦似. 不能缄默［M］//秦似. 秦似杂文集. 北京：生活·读书·新知三联书店，1981：81.

了"①，并发出呼吁："世界所有反倒退、反牢狱的自由人民啊，行动吧！"② 这些言论在今天读起来，依然给人以强大的震撼力和感染力。此文慷慨激昂、沉郁顿挫的语调很容易让人联想到鲁迅 20 世纪 20 年代后期发表的杂感。秦似不仅模仿鲁迅铿锵有力的呐喊式的语言，而且在杂文中传达了类似鲁迅的在黑暗面前毫不妥协的精神。通过借鉴鲁迅杂文的语言和蕴含的精神，秦似的文章增加了审美艺术性。

秦似在随后发表的《还是旧调子》《怀念》等文中，延续反法西斯的主题思想。与反法西斯有关的是秦似为抗日战争摇旗呐喊的杂文。如《掉一个方向试试看》，秦似认为，人们应该给"半死不活"的大后方增加活力。"再具体的说，社会要立即全面的关心战争，投入战争，使万千洪流冲向战争。"③ 秦似的社会责任感和爱国情怀在后续的写作中得到充分的体现。《在春天里》一文，秦似从报纸上大段地摘录新闻报道之后，指明哀兵必胜的历史规律："中国大地的阳春，迟早要开出玫丽的花朵来！"④ 由于中国的抗战是世界反法西斯战争的一个重要组成部分，对于秦似的创作来说，反法西斯主义与声援抗战是同一个主题的不同分支，二者的矛头共同指向当时社会存在的非正义力量。也就是说，秦似表现对欧洲法西斯憎恶之情的文章在某些意义上，同时表达了作者对祖国的无比热爱。这种爱国情怀与鲁迅的精神实质也有一脉相承的关系。由此，我们发现，秦似对鲁迅的学习不是停留于文章的外壳，即语言文字与文章结构，而是深入鲁迅作品的深层，将鲁迅的战斗意识和反抗精神融入自己的杂文当中。

① 秦似. 恶魔与"疯狗"［M］//秦似. 秦似杂文集. 北京：生活·读书·新知三联书店，1981：106－107.
② 秦似. 恶魔与"疯狗"［M］//秦似. 秦似杂文集. 北京：生活·读书·新知三联书店，1981：108.
③ 秦似. 掉一个方向试试看［M］//秦似. 秦似杂文集. 北京：生活·读书·新知三联书店，1981：176.
④ 秦似. 在春天里［M］//秦似. 秦似杂文集. 北京：生活·读书·新知三联书店，1981：185.

结　语

　　秦似从鲁迅作品中汲取精华之后，开始自己的杂文创作。一方面，秦似通读完《鲁迅全集》中的杂文之后，其作品从遣词造句到文章结构，都有鲁迅杂文的踪影。另一方面，秦似创造了自己的行文方式，形成与鲁迅既有相似之处，又有较大差别的杂文创作风格。在 20 世纪 70 年代末，秦似回忆自己参加《野草》创刊号内容讨论的一次聚会时，清晰地记得与会者谈论的主要内容是杂文和鲁迅。秦似等人认为："现在正需要战斗性的杂文，我们应该把鲁迅这一克敌致果的武器发挥起来，为当前的革命斗争服务。"① 由此我们可发现，秦似的阅读选择和时代环境共同促成了其杂文风格的形成。在主题内容上，秦似的杂文具有相当程度的广泛性。他继续书写鲁迅写过的关于女性的生存、权利、地位等问题，并继承鲁迅的战斗精神，对现实中的丑恶事物进行无情的鞭挞。同时，秦似的杂文积极与时代对话，反映中外经济、政治方面的重大变化，并常常融入中西历史文化知识，为杂文增添了知识性和趣味性。在思想深度和艺术成就方面，秦似难以超越鲁迅，不过，秦似从鲁迅作品中汲取丰富的精神资源，并将其注入自己的作品中，并与自己的行文方式、艺术构思巧妙地融合在一起，极大地增加了杂文的艺术水准。我们在阅读秦似杂文的时候，对这点应加以注意和肯定。

---

　　① 秦似. 回忆《野草》［M］//秦似. 秦似杂文集. 北京：生活·读书·新知三联书店，1981：576.

秦似的女性观

——以秦似 20 世纪 40 年代的杂文为中心

姚　刚[①]

秦似原名王辑和，广西博白人，是我国现代著名杂文家。秦似的文学创作始于 1935 年，"秦似"笔名广为人知，很大程度上缘于其在桂林文化城时期及寓居香港时期的杂文创作。1940 年，秦似在《救亡日报》上发表《作家二例——谈佛列达屋地利与赛珍珠》后应夏衍之邀前往当时的文化城桂林，并在此期间与夏衍、聂绀弩、宋云彬、孟超等人主编杂文月刊《野草》，以期"给社会和文坛带来一点生气"[②]。抗战胜利后，秦似暂居香港，仍笔耕不辍；1949 年春，秦似步入政坛，杂文创作暂告一段落。据统计，1940 年至 1949 年间，秦似创作发表的杂文、随笔就有 200 余篇，这其中还不包括翻译作品和诗词、作家传记等[③]。笔者在翻阅秦似文集的过程中，有感于学界在秦似杂

[①] 姚刚：广西师范大学 2015 级写作学硕士研究生，桂林市作协会员。

[②] 秦似. 回忆《野草》[M] //秦似. 秦似杂文集. 北京：生活·读书·新知三联书店，1981：576.

[③] 彭林祥. 学者的副业与革命者的事业——王了一和秦似 1940 年代散文创作比较论 [J]. 东方论坛，2011 (6).

文的艺术特色、思想内容方面，以及王力、秦似父子杂文创作的比较方面均已取得显著成果，拟以秦似 20 世纪 40 年代的杂文为中心，对其与女性问题有关的文章进行爬梳剔抉，归纳出秦似的女性观，为秦似的研究提供新的思路。

一、女性能力并非生来不及男性

讨论女性能力是否较男子弱的问题，归根结底还是在讨论男女平等的问题。1941 年，国民政府出台了奖励生育、发扬母德的政策，针对这一政策，昆明的《战国策》与聂绀弩主编的桂林《力报》副刊《新垦地》展开了论辩①。这场"女权论辩"的主题即是何为男女平等、不平等的成因及如何才能实现平等②。

作为当时颇为活跃的杂文家之一，秦似积极投入到论争中，对《战国策》及《新垦地》上的一些文章进行了针对性极强的批驳，尹及的《谈妇女》首当其冲。在这篇文章中，尹及鼓吹女性应该安于生物的平等，平等地分担延续生命的责任，"最平等的时候是在那时，最快活的时候也在那时"③，要求女性待在家中，享受只有家中才有的真正的、生物的、长久的平等。秦似在《"女性应该安于生物的平等"论》中写道："人类有可以思索的头脑，因此创造了所谓'文化'。这使人类变成万物之灵，从生物界里超拔出来。"从而一举推翻尹及的立论依据。在此基础上，秦似对女性能力的变化进行了历史性的描绘，勾勒出女性在历史发展大潮中的角色演变。秦似认为，远至《创世纪》中的亚当夏娃时代，男女性之间"没有上下、优劣、高低之分"④，是绝对平等的；但到了"氏族共产主义时代"，男性能力却常不及女性，以至"女子发明了农业，并从事于农业生产"，甚至古圣人也难免沦落到出嫁到其他氏族，"以妻姓为

---

① 顾秀莲. 20 世纪中国妇女运动史：上卷. [M]. 北京：中国妇女出版社，2008：486.
② 易亚云. 桂林《力报》文艺副刊研究 [D]. 重庆：西南大学，2016：38.
③ 秦似."女性应该安于生物的平等"论 [M] //秦似. 秦似文集：杂文·散文（一）. 南宁：广西教育出版社，1992：49.
④ 秦似."女性应该安于生物的平等"论 [M] //秦似. 秦似文集：杂文·散文（一）. 南宁：广西教育出版社，1992：51.

姓"的地步："'舜象兄弟，舜属有虞氏，象属有庳氏'；尧姓陶唐，但儿子丹朱却姓有扈。"① 随着人类社会向奴隶社会和封建社会迈进，"富智贵贤们也更进一步，创造了法律，节烈观……"，女性的身份也在发生着改变，不仅要充当"不能当人的一般奴隶"，还要作为"性的奴隶"而存在，只能"静静地守着节烈：在'家'里"。然而，辛亥革命后参政的妇女却又面临着被赶到礼拜堂、被赶回厨房、被"看作产育婴孩的工具"的危机②。秦似的观点是显而易见的：女性能力并非历史的、固有的弱于男性，甚至在某个特定历史时期还远在男性之上。

在客观分析女性能力的变化之后，秦似在《"女子能力不及男子"论》中则对造成所谓女性能力不及男子的原因进行了探析。针对《新垦地》作者江山诬蔑女权论者的话都是空谈、认为女性能力不及男子都是妇女自身问题的言论③，秦似以江文所举机关单位的女职员"花瓶"为例，驳斥往女性身上推卸责任的行为。秦似对所谓"花瓶"的产生进行剖析："如果清玩的人当然说'花瓶'原是'花瓶'；但实际上，倒是先有了赏玩的人，这器具才叫'花瓶'的。"④ 无疑，一些女性在很大程度上确实已经成为男性的附庸，但另一方面，男性只看到了女性弱势的一面，却没有人能够正视造成女性弱势的原因。秦似继而写道："然而天下间尽有腻骂'花瓶'的人，为什么不骂一下那造成'花瓶'的原因或环境？"⑤ 这一掷地有声的反问，击破了女性生来低能的论调，更重要的是，秦似将能力与地位和教育并提，指出它们都是"决定于社会原因的东西"，这也就在一定程度上指明了女性要想提升地位所需打破的桎梏和枷锁。

总体来看，女性能力并非生来就弱于男性，尽管在诸多社会因素的长期作

---

① 秦似. "女性应该安于生物的平等"论［M］//秦似. 秦似文集：杂文·散文（一）. 南宁：广西教育出版社，1992：51.

② 秦似. "女性应该安于生物的平等"论［M］//秦似. 秦似文集：杂文·散文（一）. 南宁：广西教育出版社，1992：52.

③ 秦似. "女子能力不及男子"论［M］//秦似. 秦似文集：杂文·散文（一）. 南宁：广西教育出版社，1992：69-71.

④⑤ 秦似. "女子能力不及男子"论［M］//秦似. 秦似文集：杂文·散文（一）. 南宁：广西教育出版社，1992：69.

用下，男性能力渐渐占了优势，但这也正说明了女性能力的可塑性和提升潜力，正如秦似所言，"只要把男女服务的范围和方式慢慢平等起来，女子的能力自然可以达到男子的水平，和男子一齐进步的"①。

二、女性就职不必好高骛远

反女权论者曾就女性就职提出反对意见，认为女性将挤占男性的职位，且以美国男性发起的"护职运动"作为例证，强调女性要安于家庭。这与"战国策派"的女性因为低能，所以要回归家庭的一系列论调并无二致。基于此，秦似一针见血地戳穿男性的"醉翁之意"："（女性）无才和懦弱不适于工作，不是却适于驾驭吗？"②为了帮助女性——被"一切剥去反抗能力的奴隶"摆脱奴隶身份，争取男女平等，秦似鼓励女性积极走向社会谋求职业。

秦似认为，女性就职的一大意义就在于女性通过参与社会工作减少对男性的依赖和服从，参与到国家建设中来，这样才能够争取到女性应有的历史赞誉，不步前人后尘：

> 但是，中国的女性，在"不言外"的教训下，已经雌伏了几千年，她们都是以"管理家庭"为职业的，几千年后的现在，国家民族强盛复兴，固应该不在话下了，即使真已复兴强盛，有人竟会归功于愚昧终身的庶人大众中的弱者，你想，我们不会叫他傻子吗？③

换句话说，现代女性已经到了要争取属于女性自己的名分的时候了，唯有如此，才不至于被历史湮没。

---

① 秦似. "女子能力不及男子"论［M］//秦似. 秦似文集：杂文·散文（一）. 南宁：广西教育出版社，1992：71.

② 秦似. 男女与职业［M］//秦似. 秦似文集：杂文·散文（一）. 南宁：广西教育出版社，1992：80.

③ 秦似. 男女与职业［M］//秦似. 秦似文集：杂文·散文（一）. 南宁：广西教育出版社，1992：81.

另一方面，对于女性如何妥善就职，秦似的观点颇为客观。秦似看到了社会因素的不利面：尽管女性已经成为社会中的一分子，代表着"一种社会力量"，"历史已经走到旧社会和新社会的分界点"①，且得益于"圣典和圣典崇奉者的实力统治衰退"，妇女问题被广泛谈论，但仍需注意的是，绵延数千年的"女性无才论""贤妻良母论"终究不会轻易向年轻的妇女解放运动低头。基于此种考虑，秦似对当下存在的女性就职误区进行了纠正："摆脱奴隶，并不一定就变成英雄，争女权的人们爱拿花木兰作比喻，其实，要求每一个女子都立即作成花木兰，是势所不能的。"②秦似要求女性就职的目标尽量务实些，不必好高骛远。要想在男权社会中站稳脚跟，女性群体还需要共同努力，连点成线、连线成面，进而实现女性的全面独立。《一个"奇闻"》是秦似有感于十余位没有丈夫的女性以为他人藏运金条为业，最终却被捕入狱，不仅得不到报酬还倒蚀了"按金"③的故事所作的时评。对于女性就职之难，秦似说道，"职业对于有知识的女性已经像是天边的星"，当然也就更遑论这些走投无路只求谋生的"处女"或"寡妇"④。

女性就职不仅是其自身生存的保障，更使其具备了成为强者的可能，从而拥有与男性平等对话的资本。但女性在就职中也应看清社会中存在的种种不利因素，不好高骛远，循序渐进。

三、女性悲剧反映社会变革不彻底

男女不平等是生产力发展到一定历史阶段的产物，诚如秦似所言，亚当夏娃时代，乃至"氏族共产主义时代"，男女也基本处于平等状态，甚至女性地

---

① 秦似. 女子·圣人·革命［M］//秦似. 秦似文集：杂文·散文（一）. 南宁：广西教育出版社，1992：77.

② 秦似. 男女与职业［M］//秦似. 秦似文集：杂文·散文（一）. 南宁：广西教育出版社，1992：81.

③ "按金"，即缴纳的抵押金。缴纳按金才有被雇用的资格；金条安全送到后则予以返还，否则作抵押。

④ 秦似在《一个"奇闻"》中载，香港法庭在对没有丈夫的女性罪犯进行信息登记时，将未婚者称为"处女"，已婚者称为"寡妇"。

位还要稍高于男性。但随着母系氏族社会的解体与父系氏族社会的建立，及私有制和阶级的产生，男女不平等已成既定事实。数千年的封建历史俨然就是一部关于男性的历史，在"男性裁定法"的规则要求下，女性囿于三从四德的封建教条，自然难有所谓"女性问题"的意识产生。

秦似在《女子·圣人·革命》一文中对此有过精彩论述："妇女问题的能够提出，能够谈论，是这些圣典和圣典崇奉者的实力统治衰退，奴隶有了自觉的时代，离我们现在实在很近。"① 这就意味着女性问题在某种程度上已经成为当下对旧社会进行变革的一个表征。除此之外，20 世纪 40 年代末，秦似寓居香港期间，作有《论"国家将亡，必有妖孽"》。该文由时论"国家将亡，必有妖孽"对女性的诬蔑出发，反推恰恰是由于女性被视为"妖孽"，才可见女性并非从来都是弱者，"多少有点离经叛道，损坏了三从四德的封建教条"②。同时，秦似还认为，正是因为统治者政权的式微，他们对自身力量的不自信，才会担忧平时服服帖帖的"奴隶们"起来叛逆和破坏：倘若处于太平盛世，无论如何也不会有所谓"妖孽"的。秦似还向万千女性发出号召，鼓励女性抓住这一变革的良机，为求得自身解放而造反，"做反动派眼中的'妖孽'"③。

尽管女性问题已经引起广泛关注，社会变革也在如火如荼地开展，但社会上发生的一系列女性悲剧依旧让秦似唏嘘不已：社会变革并未彻底，礼教与偏见仍在禁锢女性。

《非眷莫问》是针对房东拒绝将房屋租赁给单身男性而作的时评。在秦似眼中，"非眷莫问"反映的是男女夫妻间的不平等关系，突出的是女性作为"受畜者"在家庭中的附庸地位。这一论调看似是提升了女性的地位，强调女性对男性的约束，实际上却是房东以其固有的偏见——"女人必须死缠住男

① 秦似. 女子·圣人·革命［M］//秦似. 秦似文集：杂文·散文（一）. 南宁：广西教育出版社，1992：77.
②③ 秦似. 论"国家将亡，必有妖孽"［M］//秦似. 秦似文集：杂文·散文（一）. 南宁：广西教育出版社，1992：311-312.

人"①，对其加以利用罢了。

《论裸体情侣自杀案》对礼教杀人进行了口诛笔伐。年轻情侣相恋却得不到男方母亲的认可，原因只是男方母亲微闻该女已有"白圭之玷"，女德杀人让秦似不禁慨叹："啊，白圭之玷白圭之玷，多少悲剧假尔之名以行！你竟是如此这般伟大，过去吞灭过万千女性，二十世纪的今天，还非要有人殉身在你的名下不可么?"②

对于当代社会旧礼教依然可以似古时般置人于死地，秦似也毫不讳言自己的隐忧：尽管革命带来的民主、科学已传播近三十载，但旧礼教仍能随意张开血盆大口、取人性命，不得不说，中国社会尽管"训政训了近三十年，还是改变得很少，甚至没有什么改变③。

四、结论

尽管秦似与女性问题有关的 10 余篇杂文在其 20 世纪 40 年代杂文创作总量中所占份额较小，但亦具有一定特色。总体来看，秦似女性观的提出均是剑有所指，具有极强的针对性和时效性，无论是对"战国策派"错误言论的指摘，还是对"活埋婢女案""情侣自杀案"发表的时评，都绝无空谈，且因其立足于社会现实，故而更能体现秦似对女性群体、社会时弊的关注。不容否认的是，也正因秦似的杂文往往缘事而发，所以其女性观才会显得零散而不成体系。

---

① 秦似. 非眷莫问［M］//秦似. 秦似文集：杂文·散文（一）. 南宁：广西教育出版社，1992：280.

② 秦似. 论裸体情侣自杀案［M］//秦似. 秦似文集：杂文·散文（一）. 南宁：广西教育出版社，1992：288.

③ 秦似. 论裸体情侣自杀案［M］//秦似. 秦似文集：杂文·散文（一）. 南宁：广西教育出版社，1992：289.

父与子，同与异

——浅探王力与秦似散文思想意蕴之异同

张　岚①

　　在现代文学史上，在同一个领域取得瞩目成就的父子并不多见，而王力（王了一）与他的儿子秦似便是其中的一对。王力是 20 世纪 40 年代中国学者散文与幽默小品文的代表人物之一，秦似是杂文"野草派"的重要成员。二者抗战时期的散文作品看似风格迥异，实际上有着诸多共同点。二者散文思想意蕴之"同"与"异"值得一探。

一、"软""硬"兼施的时代批判者

　　从文章总体风格来说，"软"是秦似杂文与王力小品文最大的共同点。而所谓"软"，讲究的还是一个"隐"字。软性文章，指的是以轻松的方式表达严肃主题的文章，以期通过轻松的文风与软的姿态隐藏作者尖锐犀利的思想。秦似与王力软性文章的"软"由文章语言、结构、表现方法等体现，但其"软"之下还藏着"硬货"。王力在《〈生活导报〉和我》中说道：

---

　　① 张岚：容县高级中学教师。

"世间尽有描红式的标语和双簧式的口号，也尽有血泪写成的软性文章。潇湘馆的鹦鹉虽会唱两句葬花诗，毕竟它的伤心是假的；倒反是'满纸荒唐言'的文章，如果遇着了明眼人，还可以看出一把'辛酸泪'来!"① 文章须得有软有硬，在这点上秦似与王力所见与所为略同，"采取了外表看去带点'软性'，而文章的内容要有几根骨头的方针"②。他们的文章以软带硬。如王力《棕榈轩詹言》中《衣》《食》《住》《行》这几篇，看似写家常拉扯闲谈，实则篇篇都写尽民间疾苦。秦似的更不必说，《作家二例——谈佛列达屋地利与赛珍珠》《人语与鬼话》《恶梦》看着是写异域之事，实际上刻画的是本土帮闲文人的嘴脸，《祈雨和掘水》表面上骂和尚，《急事闲谈》明面上数落百姓"不知好歹"，实际上两篇骂的都是务虚不务实的腐败官员，这样的文章数不胜数。所谓的"硬"文章，其实就是"教人正视现实的文章"，秦似、王力他们所夹带的"硬货"是他们对现实的批判。他们文章的"硬货"主要由两方面构成：第一是针砭时弊，第二是批判国民劣根性。

秦似与王力的文章皆以软带硬，与他们文章的"软"一样，其所带的"硬货"也是同中有异。尽管他们的"硬货"都是对现实的批判，但是一个说的是"一把'辛酸泪'"，另一个带的是"骨头"，所以他们所夹带的"硬货"也是有差别的。他们都针砭时弊，但是他们针砭的立场与力度不一样，所涉及的时弊的面也不一样。他们都批判国民劣根性，但是他们在批判过程中对国民的态度不一样，他们发掘国民劣根性的深度与层次也不一样。也正是由于这些差异的存在，形成了他们文章不同的"硬"的气质。最终，这些"硬货""硬气"与文章的"软"相结合，形成了他们文章各自独特的风格。

二、针砭时弊之广与窄

针砭时弊是秦似杂文与王力小品文最重要的内容，在揭露政治黑暗方面，

---

① 王力. 龙虫并雕斋琐语 [M]. 北京：中国社会科学出版社，1993：5.
② 秦似. 秦似文集：杂文·散文（二）[M]. 南宁：广西教育出版社，1992：154.

他们所涉及的面有同有异，其同为：二者都批判国民党的不合理政策与社会的腐败现象。在这方面，政府不作为所导致的百姓生存困境是他们暴露的重点，搜刮民脂民膏的达官贵人和大发国难财的奸商是他们抨击的主要对象。王力的《战时的物价》《路有冻死骨》《遣散物资》等，秦似的《急事闲谈》《儿童节的感想》《吃草和"宪法"》等，都是通过写民生聊困的现状来讽刺与抨击反动统治者与为富不仁者。其中王力的《路有冻死骨》与秦似的《儿童节的感想》是这方面的代表作。这两篇文章都提到了卖人，前者是卖死人，后者是卖活生生的儿童；王力侃谈死人的价格比猪狗的保险都便宜，秦似文中所写的儿童价值要高点——"两块钱一斤"，不过终究还是比不过猪与狗。他们通过"人命贱如尘埃"的事实的陈述，质问"新中国的主人翁"们、"朱门"里的"慈善家"们是否尽到自己应尽的"责任"，语气不甚激烈，发问却相当尖锐。

他们还有一个共同点，即以或隐或明的手段表达自己对当局文化禁锢政策的不满，王力在《路有冻死骨》中，言辞十分谨慎，"又假使——我只敢说是假使——那样的人死在路上或广场上，许多没有人收埋，而又天天有这种事情发生"，"慈善家们——我只是说慈善家……"，这两个"假使"都是在"兜圈子"，以求平安躲过审查者的鹰爪，然而这两个"假使"的讽刺意味是极强的：这些事实是存在的，当局过分严格的文化审查制度不过是在自欺欺人，不愿正视真正的丑态，也不愿承认自己的无能。秦似的《幽默大师归国谈片的余兴》《清谈与漫话》等文章也有异曲同工之妙。

在针砭时弊这个大主题下，他们又有着自己的特点。相较来说，秦似所涉及的面更广，其政治视野要比王力开阔，其打击的面更大。秦似不仅批判国内的政治，还议论国际政治。像《国际随笔》《关于国际青年反法西斯蒂》《恶魔与"疯狗"》《写在寒冬之夜》《剪灯碎语之三》《哀纳粹魂》《我的信仰——人类进化观》等文章都是通过评述国际时事来揭示国际法西斯势力反人类反文明的倒退本质的。当然，不管其视野如何宽广，其最终的目的都是为了打击国内外的法西斯势力，为了发展国内民主、进步的力量，发展国内的抗日力量。相对而言，王力的政治视野要狭小一些，其批判往往只针对国民党反动统治者，文章甚少涉及外国的政治。

同时，除了国民党反动统治者外，秦似还有一个批评对象——帮闲文人。在抗战时期，秦似与"战国策派"有过针锋相对的论争。所谓"战国策派"指的是以刊物《战国策》为阵地的文人群体，该群体以西南联大的陈铨、陈西滢、林同济等思想反动或落后的教授为主，"他们鼓吹'超人'思想和'强权'政治，为德、日法西斯唱颂歌，宣扬绥靖路线，充当国民党反动派的帮闲文人"[①]。秦似当时作为"野草派"的中坚力量，与"战国策派"展开了两次大战。第一战是批判被"战国策派"美饰的法西斯主义理论和绥靖政策，以此揭露帮闲文人的卖国本质。秦似为此发表了《"把船头掉转"》《策士的面目》《观察家的透视》《恶魔与"疯狗"》《还是旧调子》等一系列反驳与抨击帮闲文人谬论的杂文。第二战是"女权"大战。当时"战国策派"反对妇女参政就业，反对"女权运动"，宣扬"女人的真正位置是在家里"等论调，秦似写了《"女性应该安于生物的平等"论》《女子·圣人·革命》《男女与职业》《"女子能力不及男子"论》《"挽狂澜于既倒"》等文章痛斥"战国策派"的谬论，戳穿帮闲文人们"男女在法律上已平等"的谎言。

所以就针砭时弊这个内容来说，秦似所涉及的时弊的面比较广，既针砭国内之时弊，又分析国际形势、抨击国际的法西斯力量，同时在国内的时弊中，不仅炮轰当局反动统治者，还与帮闲文人们展开激烈的论争。王力的时弊之面就比较窄，只是通过暴露黑暗来谴责社会中的部分既得利益者——反动统治者、腐败官员与奸商。之所以出现这样的现象，是因为他们针砭的立场不一样，王力是从知识分子的自由主义立场出发，而秦似则是从革命者的阶级观出发。譬如他们在涉及其他文化人的文章里，秦似第一步是确定这些文化人的性质——是进步的还是落后反动的，然后结合政论的需要来评价这些文化人；王力的小品文很少涉及其他文化人（尤其是同时代的文化人），即便写到也不会轻易给别人贴标签。比如，秦似与"战国策派"论战时，便把对方阵营里的所

① 王小莘，吴智棠. 疾风劲草——秦似传［M］. 桂林：广西师范大学出版社，2010：59.

有人都贴上了帮闲文人或文化走狗的标签，写《嫏嬛福地》时便如是，"名教授们"都成了浅薄无知之人。而王力的文章里，哪怕批判或者抨击某个或某类文人，也是从国民劣根性的角度进行批判，不带政治的功利目的和阶级论调。譬如《姓名》一文，写了一些文人的"文坛登龙术"，他的着力点不在于文人的反动或落后，而在于文人身上贪慕虚荣、自欺欺人的国民通病。

在针砭时弊这个主题上，王力与秦似有同有异，前者面窄，后者面广。前者致力于抨击国民当局与为富不仁者，后者不仅针砭国内时弊，还议论国际政治，矛头对准反动统治者和帮闲文人们。

三、国民性批判深与浅

"国民性问题"由晚清时期"鼓吹民主革命的留学生和寻找真理的思想家首先提出"，"'国民性'，或称'民族性'，顾名思义，是指'一国国民（或一个民族）共有之性质'"①。探讨国民性问题，并产生巨大影响的首推鲁迅。在鲁迅的著作和言论中，国民性"有时指统治阶级的一种有影响的思想，但更多的是指人民群众中某一部分人带普遍性的精神状态"②。鲁迅以笔为刀，通过对国民精神的解剖，"揭出病苦，引起疗救的注意"③，被"揭出"的精神"病苦"主要有软弱、鄙贱、无耻、邪恶、奴性、守旧、自大、愚昧、自私等。这些"病苦"也经常出现在王力的小品文与秦似的杂文里。譬如王力的《劝菜》，通过饭桌上劝菜之事指出国人所谓的"仁义礼智信、温良恭俭让"的行为实质上不过是一种虚伪的社交形式。又如秦似的《版权所有》与《谈翻译》，通过文坛"市侩主义"现象写国人重利轻节的拜金痼疾；《看马戏》里看客们"看险"之好代表的正是国人冷漠麻木的性情。王力和秦似以千奇百态的社会现实来刻写"现代中国"国民精神的陋弊。在批判国民性这一主题中，二者的批判虽不

---

① 吴奔星. 论鲁迅的"国民性"思想［M］//鲍晶. 鲁迅"国民性"思想讨论集. 天津：天津人民出版社，1982：100.

② 胡炳光. 鲁迅提出改造"国民性"及其认识的发展［M］//鲍晶. 鲁迅"国民性"思想讨论集. 天津：天津人民出版社，1982：292.

③ 鲁迅. 我怎么做起小说来［M］//鲁迅. 鲁迅全集：第四卷. 北京：人民出版社，2005：526.

至面面俱到，但也算涉猎甚广了，其中批判得最深刻的是国民的奴性。

在现代批判国民性的文章中出现过两个经典形象，一个是"阿Q"，一个是"西崽"，他们的最大共性是"奴性"。这两个（类）人物都在王力的小品文里出现过。王力在《乡下人》中调侃自己，身居陋室又不得不以"精神胜利法"自我安慰："同时怀着阿Q的心理，背诵那两句论语：'君子居之，何陋之有？'"①此句语调轻松，实则笑中带泪。堂堂一个教授，生活窘迫，衣食住行无一不成问题，这种不幸如何解决？抗争吗？呐喊吗？不，自己苦笑着自嘲两句，继续低眉顺眼地过日子，做一个明哲保身的顺民。所以，此轻巧之句不仅反映出百姓疾苦，暴露社会不公，还批判了以他自己为代表的部分知识分子的顺民习性，他也是中国千万"阿Q"中的一个，骨子里有的不是血性而是奴性。与顺服本土统治者的"阿Q"相比，"西崽"服从的不仅是本土统治者的奴役，还主动服从外来殖民者的奴役。王力笔下的"西崽"也有着一副丑陋的国民相，《手杖》里的"西崽"们把"洋式的手杖"当成了"神气"派头的饰物，有了手杖便有了"高视阔步"的自信，"西崽"们极度自卑的心态使得他们以"洋"为尚，在"洋"物面前卑躬屈膝，这实际"折射出国力颓弱的情境下，民族自信心已经岌岌可危"②。

秦似的杂文对"奴才"与"奴隶"有着深刻的认识。在《这便是憎恶》中他用了很长的篇幅论述"奴才"与"奴隶"的区别与关系。"被奴役的或寻乐的对象，穷人和女人，做了奴隶。另一方面，有一班人则为享乐者所豢养，这是奴才"，"历来的奴才，望着上面赐下来的小恩小惠，大多是得意忘形的。自然由上面来的也有虐待与侮辱，但他又很善于把所受到的压抑，转嫁在自己底下的奴隶身上，便觉得非常的轻松了"③。秦似所说的"奴才"其实和"西崽"们是有共同之处的——以奴役和压迫他人来转移自己被奴役和被压迫的痛苦，

---

① 王了一. 龙虫并雕斋琐语［M］. 北京：中国社会科学出版社，1993：24.

② 范卫东. 鲁迅对王了一散文创作的影响［J］. 德州学院学报. 2006（5）.

③ 秦似. 这便是憎恶［M］//秦似. 秦似文集：杂文. 散文（一）. 南宁：广西教育出版社，1992：35－36.

可谓卑劣无耻至极。但秦似并没有止步于此，他还对统治者的愚民术进行了一番探究。统治者和奴才们以"多方面的诱惑，诳骗"使得底层人民把希望寄托在幻想上——以为用尽毕生的劳力便可获得恩惠，使生活得以改善。同时统治者和奴才们都恪守"民可使由之，不可使知之""圣君之治，非以明民，将以愚民"的法子，使得底层百姓终生愚昧，终生为奴。他不留情面地揭穿统治者的愚民骗局，呼吁人民"站起来，首先要摆脱奴才们的影响。消灭对于小恩惠的憧憬，代替以坚决的、彻底的'人'的自尊与自觉"①。《看马戏》亦指出了国民的弊病：看险。"看险，在我们中间似乎已成为一种文明"，"社会也好像有着这种古怪的病，爱看别人的险，以别人的险为乐。看得多，自己便不会去历险了……后来终成顺民的根性"。而统治者利用人的这种心理，让人们尽"看险"之欲，行"杀一儆百"之法，"暴尸，悬首，'当众正法'，都是保持着这种文明的"。

在批判国民性这点上，秦似与王力各有千秋。秦似胜于王力的地方在于他不仅批判国民性痼疾，而且分析了痼疾形成的原因。他探讨了反动统治者的愚民之术，同时还提出了改变现状的方法，可以说，秦似的杂文在批判之外还有着"改造国民性"的目的。但由于秦似的写作立场是同情无产阶级，打击封建余孽、买办资产阶级，所以他的杂文具有很强的社会功利性，同时也夹带了很多党派性的内容。这导致其批判对象并没有指向全体国民，而只是指向某些群体。从这个角度来说，秦似对国民性痼疾批判的力度还不够深。

相对而言，看似温和的王力对国民劣根性的批判反而"不余遗力"。从批判的对象来说，王力的批判对象是全体国民。"全体国民"不仅包括经常被秦似忽略的无产阶级（或者说劳苦百姓更合适），还包括一个重要的社会群体——知识分子。秦似也批判知识分子，但他是把思想落后的知识分子们作为"异见者"进行批判的。换言之，秦似没有从国民劣根性的角度批判知识分子，

---

① 秦似. 这便是憎恶［M］//秦似. 秦似文集：杂文. 散文（一）. 南宁：广西教育出版社，1992：37.

他对知识分子的批判也没有进行"自我解剖"式的批判。与秦似不一样，王力有着自我反省的意识，他承认自己是中国知识分子群体中的一员，并坦然地解剖自己。除却对《乡下人》所提及的自身奴性的批判外，王力还批判了以自己为代表的"四体不勤"的知识分子们的"奴才"性。所谓"奴才"，不仅有着为奴为婢的顺民特性，还有着"奴役"他人以消除自身痛苦的心理。在国民奴性的批判上，秦似从政论出发，对"奴才"与"奴隶"的联系与区别有着高屋建瓴的认识，尽管有着"改造国民性"的意义，但难免让人觉得太"空"。王力不一样，他通过解剖自己、解剖知识分子来批判中国国民精神深处的"奴性"。其不留情面的"自剖"，使其批判具有客观性和真实性，同时又充满力量，发人深省。

综上所述，秦似与王力的散文都批判了国民的劣根性，其中对国民"奴性"的批判是最为突出的。秦似对"奴才"与"奴隶"的细致区分暴露了统治者们的"愚民之术"，使其批判有着"改造国民性"的现实意义。王力在国民性批判这个主题上有着自我反省的意识，这种"自省""自剖"式的批判，使其作品具有极高的思想价值与文学价值。

为何父子俩的散文会呈现这般的同与异呢？这是因为，动荡的时代激发了他们的士大夫精神，他们所写所书与他们的人生阅历、艺术追求、学识修养密切相关。其中，文学观与政治观的差异是王力与秦似散文创作出现"同中有异"现象的最主要原因。王力的文学观是在大量地阅读中西方文学作品，接受并消化西方自由、民主精神的基础上形成的，他主张尊重个体精神的独立与自由。秦似的文学观一是受传统文学的影响，二是受西方进步文学的影响，三是受现代杂文传统（或者说是受文坛风向）的影响，所以他形成的文学观是：文学应为现实服务、为政治服务。从政治观的角度来看，王力选择了与政治保持一定距离的自由主义立场与超然态度。秦似在政治上亲近共产党，思想上信奉科学社会主义思想，他的政治观使得他有着鲜明的创作立场：为政治服务，为革命服务，为无产阶级服务。他的文学创作可以说与政治风云同步。秦似的政治观使得他的杂文有着政论思想上的深刻性，但也局限了其文学价值和文学成就。

    在比较王力、秦似抗战时期散文这个论题上，还有很多值得探讨与研究之处，譬如二者家风家学的研究、二者精神气质的研究等。本文在分析的基础上提出一些浅见，希望能抛砖引玉，引起更多的讨论。

文学创作与文学寻根

——秦似先生百年诞辰忆念

彭会资　彭强民[①]

　　著名作家与教授秦似先生，是著名语言学家王力教授的长子，1917 年 10 月 15 日出生于广西博白县南流江附近的岐山坡村。那里距离我们的祖居地博白县凤山镇嘉里美村约 35 千米。他们父子俩好学的故事，我们早有所闻。1986 年 7 月 10 日，秦似先生辞世之前，我们家与他家来往密切，无论是在桂林还是在南宁，都是如此。他那丰硕的著述，成了我们家宝贵的珍藏。他博学多才、文学敏感、文学寻根、通识古今、传承创新的业绩与精神，则永远激励着我们。

一、博学多才

　　鲁迅弃医从文，秦似则弃化学而从文。秦似与大学同班同学陈翰新结婚后不久，便投身到抗日救国的斗争中。他读完《鲁迅全集》后，深受影响，便以杂

　　① 彭会资：广西博白人，广西师范大学文学院教授、图书馆原馆长、客家研究院副院长，中国作家协会会员，中国古代文学理论学会理事。彭强民：广西博白人，桂林师范高等专科学校中文系副教授，中国古代文学理论学会会员，广西作家协会会员。

文为"匕首""投枪"去战斗。在桂林主编《救亡日报》的夏衍，从见报的杂文《作家二例——谈佛列达屋地利与赛珍珠》，发现了秦似，并邀秦似到桂林来，参加抗日文艺工作，编辑出版杂文刊物《野草》。那年秦似才 24 岁，便与文坛老将夏衍、聂绀弩、宋云彬、孟超组成编委会，专门负责编辑部的日常工作。

秦似是一位脱颖而出、崛起于文坛的年轻闯将。他在桂林抗战文化城充分历练后，即参加桂东南抗日武装起义，之后到香港复刊《野草》，中华人民共和国成立后回广西领导新文化建设。1959 年，他进入大学中文系，既执教，又担任行政领导职务，肩挑重担。道路曲折坎坷，职务浮沉升降，但不管如何变化无常，秦似的初心始终不改，一往无前，忠心向党和广大人民，为国家民族的独立解放和社会主义现代化建设奋斗不息。

令人敬佩的是，在几十年的奋斗历程中，秦似不但倡导"博学与虚心"①，而且还付诸行动，根据党和人民的需要，把握国内、国际两个大局的变化，增长多种才干。他既写杂文，又写散文，还写诗词、小说、戏剧，翻译外国文学作品，并从事学术研究，新见新著不断涌现，卓然成家。他是客家人的骄傲，有广西师范大学出版社出版的客家著名人物丛书之一《疾风劲草——秦似传》为证。

二、文学敏感

文学敏感，又称文艺敏感，这是一种美的瞬间发现，并能及时抓住发现的美，准确地表达出来。若无良好的思想艺术修养、深厚的生活积累、丰富的知识储备和强烈的社会责任感，是很难具备的。

20 世纪 80 年代初的一天下午，秦似夫妇到我们家里来，一面吃饭，一面聊天，论及一些大学新生"高分低能"的奇异现象：有些学生高考分数很高，

---

① 秦似. 博学与虚心 [M] //秦似. 秦似文集：杂文. 散文（二）. 南宁：广西教育出版社，1992：293 - 294.

被录取了，但进入大学后却发现能力很差，中学课本以外的许多名家名著大多不懂，不少优秀的电影电视节目也没看过，一心应试求升学而已，很难适应大学生活。秦似先生慨叹一番之后，不久便写下杂文《从催肥的鸡不香说起》（此文发表于 1984 年 2 月 25 日《光明日报》上，后选入湖南文艺出版社 1987 年出版的《当代杂文选粹（第二辑）：秦似之卷》）。

《从催肥的鸡不香说起》是一篇人人想说而无从下笔的佳作，轰动一时，影响深远。"高分低能"是恢复大学本科招生后出现的新情况、新问题，这与某些人汇编历届高考试题卖给考生，并组织猜题测验、搞题海战术、片面追求升学率有关。面对如此严峻的问题，怎么办呢？高明的杂文家秦似先生自有办法。他把这个靶子放在文章倒数第二段："最近有个教育家对我说：'别看入学考试分数高，质量未必高。'"这是对"高分低能"流行语的化用，又是一种新的概括和提炼，更符合教育家的口语。

秦似先生竖起了靶子，但是不急于直接射击，而是采取了与政论或小评论完全不同的写法。

首先是展开联想和想象，选取生动有趣、意味深长的事象切题开篇：催肥的鸡不香。用化学饲料催肥的大白鸡，比不上家庭养的黄鸡受欢迎。

接着，由养鸡事象联想到培养学生事象。学生事象分为两层：一是"十年动乱期间，学生不读书，专会打玻璃窗，误了一代人"；二是"拨乱反正之后，国家急待培养四化建设人才"，既肯定"几年来的教育工作是成绩卓著的"，也指明"出现一些新情况、新问题"，采取一分为二的方法。所谈的新情况、新问题，特别详细而切中时弊，如片面追求升学率、学生负担加重、体质下降等。

用类似"催肥的鸡不香"的句子关联上下文，转入国家层面的招生制度的缺陷：教师们竞相猜题，出题者力求变新，令人担忧。

将教育家讲的话亦即靶子竖起来之后，秦似先生立即指出：这就与"催肥鸡"的道理更相通了。

最后，秦似先生用唯物辩证法挑明养鸡与办教育虽为两回事，但"欲速而不达"的道理是相同的，并以种豆与育豆芽的常见事象证之，真是"画龙点睛"。

秦似先生在《现代杂文与创新》中说："要真正做到'创新'，鲁迅至今还是最好的榜样……鲁迅杂文留给我们的传统是十分丰富的。但其中有两点我以为很重要。一是思想深度。鲁迅说过'有真意'三个字，如果为作文而作文，要谈思想深度便困难了。二是有趣味，这一点是鲁迅一再告诫过的，可惜我们往往忽视了。"这篇文章中，秦似先生还以鲁迅杂文《倒提》为例，说明"画龙点睛"的艺术手法是杂文的一大特色，进而归纳道："杂文的特征不在于要杂，而在于要形象地表现一定的思想深度。"①

由上述可见，秦似先生的杂文是对鲁迅杂文的继承和发展，并多有创新。

三、文学寻根

文学是语言的艺术，语言、文字、音韵是文学之根。先后任职于广西师范大学中文系、广西大学中文系的秦似先生，不但创作了各种体裁的大量文学作品，还广泛深入地探寻文学之根，出版了《现代诗韵》《汉语词族研究》两部专著，并发表了《学字小记》《诗文音韵美略说》等多篇论文。这在中国现当代文坛上可谓独树一帜。

秦似先生曾经跟我们说过，搞文字音韵的多是江南人，这跟江南很多方言保留古音有关，如客家话保留的古音就比较多。博白有两种方言，一种是客家话，客家话有 6 个声调，以广东梅县客家话为代表；另一种是地老话，有 10 个声调，是全国最难学的一种语言。

他的研究成果给我们以启发，进而发现普通话有 4 个声调，客家话有 6 个声调，闽北话有 7 个声调，闽南话有 8 个声调，广府话（粤语）有 9 个声调，地老话有 10 个声调。声调越少的语言越好掌握，声调越多的语言唱歌越好听。

---

① 秦似. 关于杂文的二三理解［M］//严秀，牧惠. 当代杂文选粹（第二辑）：秦似之卷. 长沙：湖南文艺出版社，1987：118.

博白人唱桂南采茶戏，常常将客家话与地老话混合着用，更有韵味。科学研究发现，掌握多种语言，有利于大脑的塑造。秦似先生会讲普通话、客家话、地老话、广府话、英语等，因此，他搞比较文学研究、比较语言研究、汉语言的古今变化发展研究，特别方便，成果也特别多。

由于客家话保留的古音比较多，用客家话朗读先秦至唐宋的诗文和其他文献古籍，无须解释，一听就明白，有助于化古人的智慧为今人的智慧。秦似先生在《学习汉语应有历史发展观点》一文中，将语音分为上古音、中古音、今音，并举例说明其变化差别与流传状况。他说，汉代的大官俸禄高，叫"二千石"。这个"石"字，许多人读为"担"，这就是没有历史发展观念。"石"在汉代只有一个音，不能读"担"。作为量词读"担"，是近代音，而且只在北方流行，南方无此音。如桂粤两地说"多少石谷"，不念"担"。秦似又说：中古音与今音的差别也很大。如杜牧的《山行》："远上寒山石径斜，白云生处有人家。停车坐爱枫林晚，霜叶红于二月花。"这首诗中"斜"字，现在念来也不和谐了，但在某些方言中，如客家话，念来仍和谐①。上古音"石"、中古音"斜"，仍保留在客家口语中。先秦至唐宋的诗词，"斜、家、花、车、赊、遮、些、蛇、嗟、喳"皆押同韵 a，用客家话念来很和谐。下面可欣赏秦似先生《鹧鸪天·中秋过后值六十五岁生日》这首词：

> "六五光阴尚可赊，纵然老病不须嗟。冠心初发浑无事，糖尿新来又好些。磨浓墨草龙蛇，书房恰得树荫遮。此生总为诗文苦，害枣灾梨有一车。"（载 1982 年 11 月 14 日《新民晚报》）

这首词，谦逊、幽默、风趣、生动、形象，绝非低劣的"灾梨祸枣"，而是十分值得肯定的佳作。我们曾到广西大学拜访他，看见他用毛笔写下这首

---

① 秦似. 学习汉语应有历史发展观点［C］//秦似. 秦似文集：学术论著. 南宁：广西教育出版社，1992：427－428.

词，贴于客厅墙上，我们随即用客家话朗诵起来，逗得他捧腹大笑。

四、传承创新

"写诗作文，总要有一点新意，既不能重复自己，也不能重复别人，更不能抄袭他人文章，有三行字跟他人相同，就是抄袭，抄袭是可耻的。"这是 20 世纪 80 年代初，秦似先生在一次组稿座谈会上的讲话要点，语重心长。他还在自己的文章中强调："创新总是批判继承的结果。没有批判继承，不会有'新'。"① 这一精辟论断令人难忘。

《秦似杂文集》出版后，我们曾向秦似先生谈及自己的读后感："要真正认识您的杂文的价值，就必须把您的杂文放到中国杂文发展史的长河中去作系统的考察。您的杂文明显受到鲁迅的影响，但又从传统的杂文中吸收了许多有益的东西，和传统杂文有着很深广的渊源。"他听罢很高兴，点头称是，希望我们尽快将评论写出来。他的诗词、散文多是传承创新的佳作。如他的传世之作《碧水青峰九十里》，甫一见报，大家便争相传阅，啧啧称赞，赞其极尽漓江及两岸风光之美，赞其古韵新风，迷人醉人。

凡是传承创新之作，都是下苦功夫，不断打磨加工的结果。《现代诗韵》的面世畅销，便是范例。1959 年秋，秦似先生到大学中文系任教，教的是中国古典文学课，既讲唐诗宋词，也写古体诗词，常讲诗词的平仄用韵，大家都觉得他的学问相当高深。但 1963 年 9 月下旬，他还要到北京大学中文系进修。当时，他的父亲王力教授来桂林讲学，主要讲其主编的高校文科教材《古代汉语》，为期一个月。他送他父亲回北大，就跟他父亲进修语言学。直到 1964 年 7 月才回桂林，9 月便带部分师生到兴安农村搞"四清"，1965 年 7 月才回校。1966 年，秦似先生在"文革"中遭到了严重的冲击。几个人奉命从他的《没羽集》中找罪名，一无所获，便将他赶进"牛棚"，每天早晚两次接受游斗和批

---

① 秦似. 关于杂文的二三理解［M］//严秀，牧惠. 当代杂文选粹（第二辑）：秦似之卷. 长沙. 湖南文艺出版社，1987：111.

判。直到 1973 年 1 月才获得"解放"的他，带着煎香的鲨鱼干，到员工食堂跟年轻的职工分享时，大家才知道被称为"老运动员"的秦似根本不理睬外界的"运动"，早就默默地搜集资料，酝酿构思《现代诗韵》了。

1975 年 7 月，《现代诗韵》由广西人民出版社出版。当时"文革"尚未结束，书荒年月还没有终结，而秦似夫妇将新书送到我家里来，并在扉页上写道："会资、文仙同志指正并惠存。"这给我们家带来了黎明的曙光，我们备受鼓舞。

相较于王力的《古代汉语》来说，秦似的《现代诗韵》是一种传承创新。我们认为从文艺学美学的角度切入，也是一种创新，于是便团结一切可团结的力量，编撰出版了《中国文论大辞典》《中国古典美学辞典》《中国古代文论教程》《民族民间美学》，以及《通用写作词库》《学生汉字纠错字典》《博白客家》等。谨以此告慰秦似先生在天之灵。

秦似诗词与爱国主义情操

陈登岳

秦似是现当代著名的文学家，他由写诗而步入文坛。在20世纪30年代，他熟读精研《鲁迅全集》，对鲁迅的杂文爱不释手而深受感染，从1940年起转而从事杂文创作。40余年间，他发表了600多篇杂文，被认为是继鲁迅之后中国文坛上极为优秀的杂文作家之一。秦似的诗词在他的文学成就中也是不可忽视的重要部分，虽然不像杂文似"匕首"，似"投枪"充满了战斗性，但他的诗词饱含着浓烈的爱国主义情操。"在许许多多重大的政治风波里，又几乎都处于风口浪尖，而一直保持着对祖国、对人民的深沉热爱，个性直而不曲、刚正不阿。"① 秦似不仅是一个文学家、作家、教育家，他还是一个革命家，跨越了许多重要的历史阶段，经历了多次变革，他毅然投身于社会变革和时代前进的洪流，他的精神支柱就是爱国主义。爱国主义能够形成巨大的精神力量和高尚的道德情操，表现为把个人的前途命运与民族、国家的前途命运紧密联

---

① 王小莘，吴智棠. 疾风劲草——秦似传 [M]. 桂林：广西师范大学出版社，2010：前言.

系在一起，具有"天下兴亡，匹夫有责"的强烈责任感，表现为把报效祖国、为祖国作贡献、为民族捐躯视为最大的光荣和神圣职责，具有"只解沙场为国死，何须马革裹尸还"的豪迈情怀。

一、刑天自要舞干戚，志士何曾畏虎狼

1945 年，秦似参加了中共广西省工委黄彰等领导的桂东南抗日武装起义，起义失败，很多人悲壮地牺牲了。不久，重庆等地的报刊出现了秦似夫妇遇害的报道。著名诗人柳亚子见报后很伤心，写了首痛悼秦似夫妇的律诗："天涯惊噩耗，怀旧涕潸然。烽火怜非命，干戈损盛年。文章忧患始，伉俪死生缘。留取高名在，还凭野草传。"秦似突围后，国民党当局到处张贴布告通缉他，悬赏 500 大洋和 3 万公斤谷子买他的脑袋。秦似在一农户家中藏了几天，逃到合浦县潜伏下来。这首名为《掩居》，充满豪气的诗作就是他在那段最危险的日子里写的。

掩 居

其 一

身入大荒南海隅，蓬头寄住野人居。

经春战血肥山草，不屦蛟鼉塞路途。

夜静欣闻蒭牧议，朝凉喜读大同书。

行看红日云天壮，北望中原气浩如。

其 二

大好头颅不用伤，临危千古笑隋杨。

刑天自要舞干戚，志士何曾畏虎狼。

入梦腥风犹扑鼻，遥看北斗几回肠。

鸡鸣不已啼声急，寥落关山夜未央。

　　"身入大荒南海隅，蓬头寄住野人居"，表现居住环境的艰难。"经春战血肥山草，不餍蛟鼍塞路途"，不仅表现出秦似视死如归的大无畏气概，还表现了他高尚的革命乐观主义精神。"夜静欣闻蒭牧议，朝凉喜读大同书"，夜深人静之时，他跟农民交谈，向他们宣传革命道理。凉爽的早晨，他孜孜不倦地读书，所读大同书当然不是康有为阐述空想的"大同社会"著作，而是普天大同的革命书籍。"行看红日云天壮，北望中原气浩如"，秦似已经看到革命胜利在望的大好形势。秦似的爱国主义表现在不屈服于白色恐怖的反动势力，随时准备为建立一个由劳苦大众当家做主的均贫富的"大同世界"而献身。"大好头颅不用伤，临危千古笑隋杨"，秦似戏谑大好头颅不用伤，是在嘲讽国民党悬赏 500 大洋买他的脑袋。"临危千古笑隋杨"是将国民党当局比喻为隋炀帝杨广，杨广是中国历史上名声极坏的皇帝之一，横征暴敛造成天下大乱，直接导致了隋朝的覆亡。"刑天自要舞干戚，志士何曾畏虎狼"，刑天为中国古代神话传说人物，刑天和天帝争夺神位，天帝砍断了他的头，刑天于是用两乳为双目，用肚脐作口，操持干（青铜方盾）戚（一种巨斧）来舞动抗敌。秦似不仅自诩为刑天，还把革命志士比作刑天，面对豺狼虎豹具有大无畏的革命气概和视死如归的革命精神。"入梦腥风犹扑鼻，遥看北斗几回肠"，梦中犹感腥风血雨回肠百转。"鸡鸣不已啼声急，寥落关山夜未央"，鸡鸣啼晓，暗夜还没过去，正是五更寒天，秦似以视死如归的气概，度过这黎明前的黑暗。秦似爱国主义信念与情怀的萌芽来自他那浓烈的忧患意识，即对民族兴亡的忧虑，对祖国前途的担忧，对人民痛苦生活的深切同情。在民族危难故土沦陷之际，不愿做亡国奴的大地之子从苦难中觉醒，奋起抗敌保家卫国。

　　桂东南抗日武装起义失败后，党组织秘密将秦似护送到香港。秦似在党组织的支持下，复刊《野草》。他写下了《岛上有感》一诗：

> 当年瓯脱弃如尘，此日万家同作宾。
>
> 赌博场中驰骏马，骑楼底下睡穷人。
>
> 尊经文字浮铜臭，论世篇章映眼新。

不寐终宵闻海啸，冰夷时欲起沉沦。

瓯脱指边境荒地，秦似把香港称为瓯脱。"此日万家同作宾"，秦似在香港遇到很多志同道合的作家，这些作家大多是党组织为了保护他们，将其护送到香港的，大家彼此帮助相待如宾。"赌博场中驰骏马，骑楼底下睡穷人"，有钱人在赌马，穷苦人只能睡在骑楼下，描写出当年香港贫富悬殊的社会现象。"尊经文字浮铜臭，论世篇章映眼新"，革命即将胜利之时，秦似青春热血澎湃，在五四新文化运动的影响之下，将封建社会的"尊经文字"视为垃圾铜臭，"论世篇章"想必是毛泽东关于建立新中国的论述。"不寐终宵闻海啸，冰夷时欲起沉沦"，秦似在香港时住在港岛西环的高坡上，这里房租比较低廉，而且还能与数位作家做邻居，面临维多利亚港湾，终夜听着大海的浪潮声而毫无睡意，联想起中国河神冰夷的神话故事。冰夷与诸神作战，于凤冠山气绝身亡，葬于凤冠山顶。作者诗中的"冰夷"指何人，这可能是个谜。

二、红日高高照南天，心忧社稷吊屈原

1957 年，秦似遭到极"左"路线的摧残，被撤销党内外一切职务，行政降两级，而且一"撸"到底，成了玉林县（今玉林市）的一个农民。但他并没有消沉，没有停下手中的笔，他利用劳动的闲暇，创作了大量散文、小说、诗词。下放期间，中国作家协会广西分会成立，秦似当选为副会长。

1959 年 2 月，秦似被调进玉林县文教局，在传统的端午节来临之际，秦似怀着对屈原敬仰的心情，创作了《吊屈原》一诗：

薜荔香萝生南国，诗人昭质何灼灼。

轩然放目观四荒，低徊泽畔苦求索。

问君何事久徘徊，形容如槁心若摧？

故国长楸不可见，生民百念尽成灰。

世之谗诂能蔽美，玉石相揉弃兰芷；

王嫱出塞怨丹青，丑女反居深宫里。

楚国青蝇蔽日光，荷衣蕙带且徜徉。

骐骥风云不可待，宓妃神女近黄粱。

潇湘之水清且彻，水中但见古时月。

方洲杜若何处寻？欲抱清愁以永绝。

谁谓山清堪濯缨，意自沉身以绝名。

悲夫直木遭先伐，蝉翼为重千钧轻。

南国年年五月五，芳草美人共欢舞。

芳草如今碧如茵，美人不再伤迟暮。

红日高高照南天，汨罗舟楫如云烟。

吊君冉冉千载下，万古唯同一婵娟。

"薜荔香萝生南国，诗人昭质何灼灼。"秦似用薜荔香萝来比喻屈原，诗人具有灼灼其华的清白本质。"轩然放目观四荒，低徊泽畔苦求索。"大义凛然目观四面八方极偏远之地，徘徊流连水泽边冥思苦索。"问君何事久徘徊，形容如槁心若摧？故国长楸不可见，生民百念尽成灰。"诗人自问为何在此徘徊，面容如同槁木，心如同被摧残。故国高大的乔木你看不见，老百姓的百般思念各种欲求已经心灰意冷。"世之谗谄能蔽美，玉石相揉弃兰芷；王嫱出塞怨丹青，丑女反居深宫里。"世上谗言佞语遮盖艳美绝俗，美玉和顽石好坏混杂，沅芷湘兰被君王抛弃；具有沉鱼落雁之貌的王昭君自请和亲嫁匈奴，无才丑女反而被留在深宫里。"楚国青蝇蔽日光，荷衣蕙带且徜徉。骐骥风云不可待，宓妃神女近黄粱。潇湘之水清且彻，水中但见古时月。"楚国中到处是谗言小人，诗人穿着荷衣系着香草独自徘徊。千里马、宓妃神女十分难求，潇湘水清澈得可见古时的明月。"方洲杜若何处寻？欲抱清愁以永绝。谁谓山清堪濯缨，意自沉身以绝名。"像香草一样的忠贞贤良之士到哪里找得到？我以凄凉的愁闷情绪，永远断绝这种想法。谁说山清水秀可以洗濯冠缨，我有意投水沉身断绝我的名声。"悲夫直木遭先伐，蝉翼为重千钧轻。"挺直的树木必先遭砍伐，若把蝉翼看得很重，再重的东西都轻了。"南国年年五月五，芳草美人共欢舞。芳草如今碧如茵，美人不再伤迟暮。"诗人以屈原的视角，从沉闷的回顾回到了现实，现在毕竟换了人间。每年五月端午节，人们不再沉浸在悼念屈原的悲伤之中，而是普天下忠贤之士共同欢度这个节日。现在香草已经碧绿如茵，美人也不必哀叹流光易逝盛年难再。"红日高高照南天，汨罗舟楫如云烟。吊君冉冉千载下，万古唯同一婵娟。"在红日普照南天之下，汨罗江的竞赛龙舟多如烟云。我们隔着两千年来吊唁屈原，跟当年唯一相同的只有月亮了。

屈原是中国历史上第一位伟大的爱国诗人，中国浪漫主义文学的奠基人，被誉为"中华诗祖"，他是"楚辞"的创立者和代表作者，开辟了"香草美人"的传统。屈原的出现，标志着中国诗歌进入了一个由集体歌唱到个人独创的新时代。屈原也是楚国重要的政治家，早年受楚怀王信任，任左徒、三闾大夫，兼管内政外交大事。吴起之后，在楚国另一个主张变法的就是屈原。他提倡"美政"，主张对内举贤任能，修明法度，对外力主联齐抗秦。因遭贵族排挤毁谤，他先后被流放至汉北和沅湘流域，最后怀石自沉于汨罗江以身殉国。秦似吊唁屈原的心情非常复杂。首先两人都是诗人，秦似除了是诗人外，还是一个以笔为枪的战士，他向着旧社会的黑暗势力猛烈开火。他为了新中国早日诞生，参加了武装起义，不惧流血牺牲。中华人民共和国成立后，秦似满怀激情投入到社会主义文化建设中。1957年，秦似遭到奸佞小人的攻击陷害，其工作中的缺点错误被无限放大，上升到政治领域的错误。身为领导干部的秦似被撤销党内外一切职务，被下放当了农民，这跟屈原的遭遇有相似之处。有历史学家说，左徒是仅次于宰相的官。屈原从左徒、三闾大夫一下成了被流放的罪人，这对屈原的打击是何等之大。屈原在《离骚》中倾诉了对楚国命运和人民生活的关心，"哀民生之多艰"，叹奸佞之人当道，还遭贵族排挤毁谤。屈原的政治理想破灭，对前途感到绝望，虽有心报国，却无力回天，只能以死明志。

秦似作为一个革命者，怀着对祖国的无限热爱，虽然自己遭到无情打击，但从来没有动摇自己的信念。然而，全国的"反右"运动风起云涌，让他百思不得其解，自己在文艺界的一批好友怎么成了"右派分子"，其中包括一起办

《野草》的宋云彬。"轩然放目观四荒，低徊泽畔苦求索"，秦似只能在痛苦中徘徊求索。"问君何事久徘徊，形容如槁心若摧?"中华人民共和国刚成立，百废待兴，急需加快生产建设，现在却搞大规模的政治运动，对知识分子无情打压，这令秦似极为痛心。"世之谗谄能蔽美，玉石相揉弃兰芷。"从古到今，任何社会都有奸佞小人阿谀谄媚、进谗害贤，他们为了个人利益见风使舵，打击别人抬高自己。"悲夫直木遭先伐"，悲叹挺直的树木遭先伐。然而，新中国和旧中国毕竟是两重天。"南国年年五月五，芳草美人共欢舞。"芳草美人用来比喻忠贞贤良之士，"芳草如今碧如茵，美人不再伤迟暮。"秦似把屈原的"美人迟暮"反其意而用之。"红日高高照南天，汨罗舟楫如云烟。"秦似用红日高照来比喻新中国，用舟楫如烟来比喻老百姓的生活，充满了爱国主义情怀。

秦似之所以在遭到冤屈摧残后还表现出高尚的爱国主义精神，是因为他是久经考验的成熟革命者。他从没因为个人的坎坷挫折而怀疑自己的信念，也没有因为自己从高位下放到社会的底层而动摇自己的信仰。秦似清楚地认识到自己与祖国是生死相依、血脉相连的依存关系，因而与祖国患难与共、荣辱共存。他的爱国主义精神还表现为对本民族历史文化、风土人情、风俗习惯以及骨肉同胞的热爱，表现为对祖国江河大地、锦绣山川的依恋。他把关心和维护祖国的前途和命运视为自己义不容辞的职责，把个人利益服从国家利益和民族利益看作是自己应尽的道德义务。这正如俄国文学批评家别林斯基所说："没有一个诗人能够由于自身和依赖自身而伟大，他既不能依赖自己的痛苦，也不能依赖自己的幸福；任何伟大诗人之所以伟大，是因为他的痛苦和幸福深深植根于社会和历史的土壤里，他从而成为社会时代以及人类的代表和喉舌。"秦似正是这样一位诗人，置个人的生死和利益于度外，时刻眷恋着祖国和人民。所以他创作的诗词不是咀嚼个人的忧虑，悲叹一己得失，而是唱出了人民的心声，喊出了时代的呼声。

中华民族具有以爱国主义为核心的强大的民族精神，爱国主义这一民族之魂，将使中华民族永远屹立于世界民族之林。秦似的爱国主义精神给中华民族留下了宝贵的精神遗产。

秦似同志一首七言律诗的艺术魅力及成因

盘桂生

1984 年 4 月，"西南剧展"40 周年纪念盛会在桂林举办。为了纪念这一个有意义的活动，秦似曾创作了一首七言律诗，题为《'西南剧展'四十周年纪念（七律）》，并于当年 9 月 30 日在《戏曲艺术》杂志上公开发表。这首七言律诗形象生动，具有独特的艺术魅力。那么，其艺术魅力到底表现在哪些方面？秦似能够写就这首七律靠的是什么？该诗有何借鉴意义？这是本文要探讨的主要问题。

一、艺术魅力

艺术魅力，看似抽象，其实也是具体的，可以感知的。艺术魅力是艺术作品对鉴赏者的一种艺术感染力。艺术追求的最高境界，是真善美相统一。艺术作品有真善美的内涵，才会拥有艺术魅力。有艺术魅力的艺术作品，才会持久地感染打动不同时代的艺术鉴赏者。秦似在这首七律中，通过四种美的精心营造，较好地展示了这首诗歌的艺术魅力。

（一）历史美

秦似在他的这首七律中，首先展示的是一种历史美。他在此诗中写道："西南剧展话当年，文化城中竞紫嫣。为使春风苏大地，敢教秋肃出离天。舞台花雨歌声壮，艺苑英才团结坚。眼底寇氛无净土，朝阳已兆未明前。"[1] 可以说，秦似在整首诗中描写的是一段历史往事中的一个小侧面。具体来说，就是1944年"西南剧展"在桂林举办的有关历史概貌。对于1944年在桂林举办的"西南剧展"，一首七律诗歌，一般是难以描写清楚的。但秦似却用一首七律，把这段历史中最精彩的画面勾画出来了。

"西南剧展话当年，文化城中竞紫嫣。"1984年，虽然距离"西南剧展"过去40年了，但是大家齐聚一堂，回首往事，共话当年。想想当时，桂林文化城中的文化机构较多，文化名人为了抗日图存，在此创作、表演，一度出现了"百花齐放、百家争鸣"的良好局面。但1944年日本帝国主义者侵略了半个中国，在日军的铁蹄下，当时的中国哪有安宁和净土。因此，秦似一句"眼底寇氛无净土"，就大致客观地勾画了当时中国的风云概貌，也描绘出了当时桂林所处的时代背景。不过，当时中华民族处于生死存亡的紧要关头，在中国共产党抗日民族统一战线的正确指引下，大批有良知、有作为的文化名流，"为使春风苏大地，敢教秋肃出离天"。他们积极行动起来，形成了"舞台花雨歌声壮，艺苑英才团结坚"的良好局面。可以说，秦似用一首七律诗，就把当时桂林抗战文化城文化活动丰富的景象生动形象地刻画出来了，把"西南剧展"的辉煌历史高度概括出来了。不仅写出了历史的那份沧桑，还写出了历史那份庄重美以及厚重美。历史不完全是枯燥无味的，而是有血有肉、十分具体的。只要写得精彩，历史也是可以触摸的。

（二）语言美

众所周知，由于当时时局等原因，一大批有良知、求进步的文化人，从祖国四面八方汇集桂林。他们怀着拳拳报国之心，利用自己的特长，采用出刊办

---

[1] 秦似."西南剧展"四十周年纪念（七律）［J］.戏曲艺术，1984（3）.

报、舞台演出、图画歌咏等形式，发出了抗日救亡的呐喊。当时在桂林出版的报纸杂志共 250 余种，戏剧演出也十分活跃，有时多达几十个戏剧团队同时在桂林演出。1944 年 2 月 15 日至 5 月 19 日，"西南第一届戏剧展览会"在桂林举办。参加剧展演出的团队来自西南 4 省，共有 28 个单位，895 人。演出节目有话剧 23 个、歌剧 1 个、平剧 29 个、桂剧 8 个，以及少数民族歌舞、傀儡戏、魔术、马戏等，总计演出 170 场，观众达十几万人次。此外还举行了为期 15 天的戏剧资料展览。这些资料通过向全国各地征集而来，共展出了作家手稿、剧运史料、舞台模型等共 1029 件，参观人数达 36000 多人次。并且举行了 16 天的戏剧工作者大会，有来自粤、桂、湘、赣、滇等省份的 32 个团队或代表，及重庆中华全国剧协特派代表，共 530 人参加。剧展期间，还先后举行了 5 次座谈会，订立了《剧人公约》（共 10 则），组织了会外演出、电影观摩、球类比赛、诗歌朗诵会和郊游等活动。这在中国近现代戏运史上，可谓史无前例①。如此空前规模的历史画面，要用诗歌大致勾画出来，必须运用高度精练的语言。为此，秦似在这首七律诗中，就充分展示了诗歌语言的精练美与形象美。

"西南剧展话当年，文化城中竞紫嫣。"其中一个"话"字，就描绘了当时纪念"西南剧展"40 周年时，大家所采取的平等友好的态度。用"话"字而不用"论"字，既显得轻松自然，也显得平等友好、生动活泼，气氛融洽。一个"话"字，也生动再现了秦似不摆老资格，而是平等待人、善于尊重人的大家风范。而用一个"竞"字，也说明当年桂林文化城里各种抗战文化之花竞相绽放的壮观场面。

"为使春风苏大地，敢教秋肃出离天。"其中一个"苏"字、一个"敢"字，说明当时文化人在举办"西南剧展"时，所呈现的敢于担当、勇于作为的进取态度。春回大地，万象更新，草木复苏，没有一个"敢"的精神与胆识，哪能让秋天萧条枯败的气氛一扫而光呢？

"舞台花雨歌声壮，艺苑英才团结坚。"其中一个"壮"字、一个"坚"

---

① 广西戏剧研究室，广西桂林图书馆. 西南剧展［M］. 桂林：漓江出版社，1984：2.

字，说明当时文化人在"西南剧展"中所呈现的积极态度。抗日救国，正义永远在中华民族这一边。要抗御外侮，大家必须团结起来，立场坚定，意志坚强，才能争取抗日战争的最后胜利，绝不能半途而废，更不能充当可耻的走狗与汉奸。所以，当时抗日的歌声必须用"壮"字。

"眼底寇氛无净土，朝阳已兆未明前。"其中一个"无"字、一个"兆"字，既说明当时桂林举办"西南剧展"时所处的危难形势，又预兆了光明的未来。因为当时"欧阳予倩和田汉在中国共产党的领导下，以进步戏剧团队和进步戏剧工作者为骨干，联合其他戏剧团队和戏剧工作者"[①]，举办了这次"西南剧展"。中国共产党抗日民族统一战线得到人民的衷心拥护。所以，通过这次"西南剧展"，也看出了"得民心者得天下"的胜利征兆。

可见，秦似是多么善于用恰当而精美的语言表达诗歌所要描述的意境与自己所要表达的思想，从而使这首七律的艺术性与思想性达到了完美的统一。

（三）音韵美

秦似是汉语言文字学的一个大师，他十分精通诗歌等文学形式的音韵，著有《现代音韵》等专著。而秦似在这首七律里，也展示了诗歌音韵美的艺术魅力。

"西南剧展话当年，文化城中竞紫嫣"作为这首七律诗的开篇句，其中就用了两个双声叠韵词，即"话当年"与"竞紫嫣"，这加强了此句诗的音韵美。"为使春风苏大地，敢教秋肃出离天"中，"春风"与"秋肃"不仅对仗工整，还互为押韵，加强了此句诗歌的音韵美。"舞台花雨歌声壮，艺苑英才团结坚"中，"歌声"与"团结"不仅对仗十分工整，还互为押韵，也有效地加强了这句诗的音韵美。"眼底寇氛无净土，朝阳已兆未明前"这句在整首七律中虽没有对仗工整，但却起到了画龙点睛的作用。"眼底"与"朝阳"，"无净土"与"未明前"，这些双声叠韵词的灵活应用，也进一步加强了整首七律诗的音韵美。

中国诗歌语言的音韵美，主要是指诗歌语言的音乐性。与其他文学形式相比，诗的音乐性无疑显得更为突出，占有十分重要的地位。因此，秦似在这首

---

① 魏华龄. 桂林抗战文化史［M］. 桂林：漓江出版社，2011：276.

诗中，不仅充分兼顾到了七言律诗的特点，还善于灵活运用双声叠韵词，增强诗歌的音韵美，并达到了炉火纯青的地步。秦似曾经指出，"汉文学语音的音韵美是很丰富的""汉语还有一个独特的构音韵美的手段，便是双声叠韵词的应用"①。秦似不仅是这样说的，也是这样做的。他在诗歌创作上，可以说很好地做到了"知行合一"。

（四）意境美

一首七律诗，又是写纪念往事的，能否写出诗歌的意境呢？如果写不出意境，诗歌就缺少了一种美感，缺乏艺术魅力。而秦似在他的这首七律中，几乎每一句都写出了意境美。

"西南剧展话当年，文化城中竞紫嫣"中的"竞紫嫣"，就是寓意百花盛开，竞相"姹紫嫣红"的景象，描绘出了生机盎然的意境美。

"为使春风苏大地，敢教秋肃出离天"中的"春风苏大地"，描述的就是"春回大地，草木复苏、万象更新"这样一幅欣欣向荣的春天景象。

"舞台花雨歌声壮，艺苑英才团结坚"中的"舞台花雨""艺苑英才"，描述了当时桂林文化城举办"西南剧展"的时候，那种人才济济、各展才艺的壮观场面。

"眼底寇氛无净土，朝阳已兆未明前"中的"无净土"，描写了当时日军侵占了半个中国国土的历史背景。"朝阳"，描述了当时桂林文化城举办"西南剧展"的时候，中国共产党实行的全民抗战路线是多么深得民心。用朝阳的美丽景致，把抽象的历史厚重感写活了、写美了。

秦似曾经指出："如果没有诗的语言，就塑造不出诗的意境。"一般来讲，诗的语言是更富于形象性、凝炼性和音乐性的语言。"没有形象性的语言就很难写出意境来。""诗词的语言艺术也是诗中的一件瑰宝。"② 他还认为诗的形象性语言和诗的意境形成有着不可分割的关系。虽然二者有时也表现出一定矛盾

① 秦似. 诗词的语言艺术 [J]. 云南师范大学学报（哲学社会科学版），1984（3）.

② 秦似. 诗词音韵美说略 [J]. 广西师范大学学报（哲学社会科学版），1984（4）.

来，即优美的形象性语言未必能塑造出美的意境。这种矛盾现象尽管存在，却不能得出诗的语言可以独立于整首诗的意境、思想之外的结论。语言基本上只为塑造诗的意境服务，是一种手段，不能片面追求语言的形式美，而忽视了内容与思想之美。诗人只有不断想办法解决这一矛盾，才能写出内容与形式完美结合的优秀诗篇来，使诗歌语言与诗歌意境达到完美统一。

二、雄厚功底

晚唐司空图在其美学和诗歌理论专著《诗品》中，把古代诗歌的风格分为 24 种，即雄浑、冲淡、纤秾、沉着、高古、典雅、洗炼、劲健、绮丽、自然、含蓄、豪放、精神、缜密、疏野、清奇、委曲、实境、悲慨、形容、超诣、飘逸、旷达、流动。秦似善于运用诗的语言美，在他创作的这首七律中，几乎每一句都能描绘出一幅意境来。如果不是行家里手，显然是很难写就这首七言律诗的。

秦似社会阅历丰富，他热爱祖国，热爱人民，追求进步，对中国人民饱含真挚的感情。1917 年 10 月 15 日，他出生于广西博白县岐山坡村一个书香家庭。他本姓王，叫王缉和，又名王扬，后来从事写作时才改名为秦似。他 6 岁开始读小学，从小博览诗书，具有一定的文学天赋。上初中后，他受他的父亲王力先生的影响，对文学表现出浓厚的兴趣。1934 年，秦似考上了广州知用中学，在此读高中。在此期间，他参与过香港《循环日报》副刊《文艺周刊》的编辑工作，并在副刊上发表了不少诗歌。1937 年 9 月，秦似考上了广西大学化学系。他积极参加当时的抗日救亡运动，担任过广西大学学生会进步刊物《呼声》的主编，得到了诸多历练。1939 年春天，秦似同志到贵县中学教书兼做《贵县日报》副刊编辑，并在《贵县日报》发表了不少宣传抗日救国、针砭时弊的文章。1940 年 2 月，秦似开始向在桂林的《救亡日报》投稿，得到了文学大师夏衍的赏识，并应邀到桂林拜见结识了这位文学大师。1940 年 8 月，《野草》创刊号问世，夏衍、聂绀弩、宋云彬、孟超、秦似五人为编委，秦似还具体负责编辑部的日常工作。郭沫若、茅盾、柳亚子等名家名流，都是《野草》的热心支持者和撰稿人。《野草》积极宣传抗日救国、反分裂、反倒退，在抗战文艺刊物中影响甚大。在艰难环境中，《野草》创办了三年，1943 年 6 月被国民党当局查封。1944 年冬，秦似应邀到博白中学教书。1946 年 10 月，《野草》在香港复刊，秦似前往香港并负责具体的编辑工作。1947 年 4 月，秦似在香港加入了中国共产党。1949 年春天，秦似应香港《文汇报》之请，参与《文汇报》副刊编辑工作，连续发表了 100 多篇短小精悍的杂文，有力地抨击了国民党反动统治，尽情欢呼人民解放战争的伟大胜利。1949 年 10 月广州解放后，秦似赶往广州，参加了《南方日报》的创建工作。1950 年 1 月初，秦似被任命为广西省委统战部办公室主任，干了一年后，被任命为广西文化局副局长。广西文联、作协成立时，他当选为副主席。1956 年下半年，秦似在《人民日报》和《新观察》发表了几篇杂文，对当时的浮夸风和教条主义提了一些中肯的批评意见。1958 年初，秦似被撤销党内外一切职务，工资降二级，下放到玉林县大路公社当农民。1959 年 8 月，他被调回设在桂林的广西师范学院（今广西师范大学）中文系任教，将自己的平生所学教给学生。在此后的 20 年里，他一直都没有职称，直到 1979 年才得以晋升为教授。在"十年浩劫"中，秦似备受折磨，九死一生，但他依然热爱祖国，热爱人民，对祖国的发展前景充满信心。1973 年春，他调到广西大学中文系工作，一直工作到逝世。他先后担任过广西大学中文系的副主任、主任，教书育人，著书育人，管理育人，为国家培养人才。"文革"后，秦似曾担任广西政协副主席、全国文联委员、广西文联副主席、广西作协副主席等。秦似生前著作颇丰，主要著作有：《感觉的音响》（杂文集），1941 年出版；《时恋集》（杂文集），1942 年出版；《在岗位》（杂文集），1948 年出版；《居里夫人传》（传记），1949 年出版；《巴士特传》（传记），1949 年出版；《牛郎织女传》（京剧），1951 年出版；《秋江》（改编桂剧），1956 年出版；《没羽集》（杂文集），1958 年出版；《现代诗韵》（专著），1975 年出版，后两次再版；《西厢记》（改编桂剧），1976 年出版；《秦似杂文集》，1981 年出版；《两间居诗词丛话》，1985 年出版；《杜甫诗歌赏析》，1986 年出版等。由此可见，秦似创作的这首七律是他厚积薄发的一个结晶，其艺术魅力正是他扎实积累的一个显现。秦似正是因为有丰富的社会阅历作为积淀，对七言律诗的特点与创作规律比较了解，并具有将诗歌作品的艺术性与思想性完美结合的高超本领，才创作了这首杰作的。

三、借鉴意义

1986 年 7 月 10 日，秦似因病去世，他带着对伟大祖国的深深眷恋永远走了。但他对祖国和人民的真挚感情永远还在，他的爱国精神和高尚情操永远不死。他创作这首七律的创造精神与文艺风格值得我们学习借鉴。

首先，要加强领导，创设平台，为优秀作品的创作营造良好环境。"文章合为时而著，歌诗合为事而作。"秦似生前创作的这首七律是有一个创作背景和前提的，即 1984 年 3 月 27 日至 4 月 1 日，由中国戏剧家协会、广西壮族自治区文化局、中国剧协广西分会联合召开的纪念"西南剧展"40 周年座谈会在桂林隆重举行。如果没有这个前提，这首七律诗的创作也许无从谈起。可见，党的正确领导是我国社会主义文艺繁荣发展的根本保证。有了党的正确领导，有了良好的创作环境，才会有优秀作品的诞生。办好中国的事情，关键在党。要繁荣我国的社会主义文艺事业，必须切实从建设社会主义文化强国、提升党的执政能力的战略高度，把文艺工作纳入各级党委政府的重要议事日程，加强宏观指导，把好文艺方向，为繁荣发展我国的社会主义文艺营造良好的环境，真正形成"创新精神和创造活力竞相迸发、文艺精品和文艺人才不断涌现的生动局面"[①]。

其次，要与时俱进，团结奋进，创作无愧于时代的优秀作品。秦似生前创作的这首七律还有一个重要的创作氛围：1984 年，在桂林有关部门领导的大力支持下，当年参加过"西南剧展"还健在的一些老同志以及有关人士重聚桂林。当时大家聚在一起，回顾和总结共同走过的这段光荣历史，总结经验，展望未来，无疑具有十分重要的意义。所以，"西南剧展"40 周年纪念会在桂林

---

① 新华社. 中共中央关于繁荣发展社会主义文艺的意见［EB/OL］. http：//news. xinhuanet. com/.

召开后，还组织出版了相关资料专辑，为桂林文化城留下了新的光辉一页。可见，在文艺创作当中，互相交流，互相促进，是非常重要的。要繁荣我国社会主义文艺事业，如果自我封闭，缺乏交流，不肯与时俱进，不讲团结奋进，是很难把文艺创作搞好的。文艺工作者必须顺应时代发展的变化与要求，敢于和善于交流，把精心创作优秀作品作为文艺工作的中心环节。现代科技飞速发展，文艺工作者更要坚持思想性、艺术性相统一，坚持内容为王、创意制胜，提高文艺原创能力。在探索中突破超越，在融合中出新出彩。要善于根据时代变化，丰富创作手段，拓展文艺创作空间，不断推出更多思想精深、艺术精湛、制作精良，体现时代文化成就、体现国家文化形象的文艺精品，不断增强文艺作品的吸引力、感染力。

再次，从事诗歌等文艺作品创作，不能无病呻吟，必须追求真善美的完美统一。秦似站在历史的高度，高屋建瓴地回望并审视了当年的历史，又站在1984年的时代潮流前头，创作了这首七律。他在此诗中完美地将真善美有机统一，达到了很高的艺术高度。这就告诉我们，从事诗歌等文艺作品的创作，不能片面地追求形式美，不能无病呻吟，必须追求真善美的完美统一。也只有将真善美完美统一了，优秀的文艺作品才可能横空出世。马克思主义美学在批判吸收各家学说的基础上，科学地阐明了真善美的辩证关系。求真，即要合乎客观规律；求善，即要合乎良好道德标准与核心价值观要求；求美，即要合乎大众审美价值需求，并尽量达到一定的审美高度。美必须以真善为前提，离开了真善而言美，美就无所依附。但真与善不一定就是美的。因此，求真、求善还必须求美，实现真善美的完美统一。"追求真善美是文艺的永恒价值。艺术的最高境界就是让人动心，让人们的灵魂经受洗礼，让人们发现自然的美、生活的美、心灵的美。"① 我们文艺工作者要学习秦似的创作精神，按照德艺双馨的要求，不断提高学养，时常用真善美的高标准来要求自己，努力使自己成为高尚的人，创作出更多更好的传世佳作。

---

① 习近平. 在文艺工作座谈会上的讲话［N］. 人民日报，2015 - 10 - 15.

论秦似对广西戏剧传承
与发展的贡献

周　丹①

一、秦似的家世与生平

秦似（1917—1986），男，汉族，客家人。著名作家、诗人、戏剧家、学者。原名王缉和，1939年改名王扬，曾用过的笔名有水生（1933年）、秦似（1940年）、琛（1940年）、令狐厚（1941年）、袁道（1941年）、茹雯（1941年）、法那（1941年）、碧珊（1941年）、顾元（1941年）、徐曼（1942年）、李炙（1942年）、余土根（1943年）、吴镝（1943年）、张筑（1943年）、邓银（1946年）、土根（1946年）、美罗（1946年）、雷点（1947年）、阿娣（1948年）、水味（1948年）、刚良（1948年）、半琴（1948年）、爱简（1950年）、思秩、姜一、王砚新、杨步飞、羊珂等三十余个②。其中令狐厚、徐曼、吴镝、张筑等笔名多见于杂文署名，碧珊、茹雯则多见于其翻译的文学作

---

① 周丹：山东人，桂林市艺术研究所助理研究员。
② 据杨东甫所撰《秦似年谱》，广西师范大学出版社1988年版。

品署名。

1917 年 10 月 15 日，秦似生于广西省博白县岐山坡农村，小名阿水。父亲王祥瑛，即后来蜚声中外的语言学家、教育家、翻译家、中国现代语言学奠基人之一王力教授。秦似 14 岁入博白县初中读书，学会了诗词格律，并有征文被《中学生》刊登。1933 年夏，他考入玉林高中读书，其间开始写散文、新诗，先后有十余篇作品在当地的《国民日报》副刊发表。1934 年 6 月，秦似到广州的知用中学读书，在高中二、三年级时，他经同学介绍，遥领过香港《循环日报》副刊《文艺周刊》编辑，并在该刊及《广州日报》副刊《东南西北》等报刊发表多篇诗作，作品署名"思秩"。1937 年秋，秦似先后被中山大学电机系、勷勤大学数学系录取，后因日本飞机轰炸广州，遂回梧州报考广西大学化学系，以第一名的成绩入学，并担任该校学生会进步刊物《呼声》的主编。1938 年秋，广州沦陷，梧州告急，学校决定停课搬迁到桂林与文学院合并。国难当头，秦似遂放弃学籍，与其女友、同班同学陈翰新一起投入到抗日救亡斗争中去。1939 年初，秦似任《贵县日报》副刊编辑。1940 年 2 月，秦似在藤县太平圩向桂林《救亡日报》投稿，并开始用"秦似"这个笔名。1940 年 8 月，秦似与夏衍、聂绀弩、宋云彬、孟超等创办野草社，8 月 20 日杂文《野草》创刊号问世。1941 年，秦似出版第一本杂文集《感觉的音响》。1946 年 10 月，秦似在香港复创野草社，恢复杂文刊物《野草》的编辑出版。1949 年 1 月，秦似在香港担任《野草》主编、《文汇报》副刊编辑，发表杂文。1949 年 8 月，秦似秘密乘船由香港进入广东东江解放区，后至广州参加中共中央华南分局机关报《南方日报》的创建工作，编辑出版了第一期《南方日报》。中华人民共和国成立后，秦似被任命为中共广西省委统战部办公室主任，负责整个广西的统战工作，后又转到文化战线，初任广西文联筹委会副主任委员。1950 年 2 月，秦似被任命为中共广西省委统战部办公室主任，负责整个广西的统战工作。1950 年 10 月，秦似当选为广西文联筹委会副主任委员。1951 年，秦似被任命为广西省戏改会副主任，实际负责领导广西省的戏改工作。同年春，秦似应广西省立西江学院院长雷沛鸿之邀，兼任西江学院教授并任中文系系主任。1955 年 4 月，国务院第九次全体会议任命秦似为广西省文化局副局长。后来先后担任过广西大学中文系主任、全国文联委员、广西壮族自治区政协副主席、中国作协广西分会副主席、广西语文学会会长、广西中小学语言教学研究会会长等职。著有杂文集《感觉的音响》《时恋集》《在岗位》《没羽集》《汗漫集》，人物传记《居里夫人传》《巴士特传》，京剧剧本《冼夫人》《牛郎织女传》，改编桂剧剧本《秋江》《西厢记》（这两个剧本获得中华人民共和国成立三十年来优秀剧本奖），粤剧剧本《毛主席的照片》《小二黑结婚》，译著《人鼠之间》，长诗《少女与死神》[①]。

二、秦似对广西戏剧传承与发展作出的贡献

秦似的文学创作涉及杂文、散文、戏剧、学术论著，其中以杂文为多。根据现存文献资料，秦似的戏剧创作应开始于抗日战争时期，但未见当时创作的剧本。现存秦似创作的戏剧剧本涉及京剧、桂剧、粤剧，根据其创作时间可知，秦似对戏剧的创作是其在中华人民共和国成立后转入文化战线后的事情，但其对戏剧的爱好则很早。秦似曾说过："我对戏曲一向感兴趣，由于 40 年代初期在桂林，同田汉同志住在一块，更常常跟他一道去看京戏、桂戏、湘戏，尤以湘戏看得最多。田汉同志对他家乡的湘戏似乎特别热爱，而我也因此成了湘戏的热心观众。建国后我则从事桂剧工作为主，与粤剧、京剧也有一些接触。"[②]

1950 年至 1957 年间，秦似致力于戏曲改革，著或改编有京剧、桂剧、粤剧等多种剧本，如在剧本创作之外润色了桂剧剧本《拾玉镯》《抢伞》《白蛇传》等。1957 年后，秦似主要从事文学教学和研究，同时创作杂文、散文和诗歌。"文革"时因创作了京剧剧本《牛郎织女传》和几篇杂文受到错误打击，

---

① 王乃庄，王德树. 中华人民共和国人物辞典（1949—1989）[M]. 北京：中国经济出版社，1989：419. 陈国才. 著名作家、学者秦似教授 [M] //陈国才. 玉林文史：第 3 辑. 2003：378 - 383.

② 秦似. 自传 [M] //广西当代作家丛书编委会. 广西当代作家丛书：秦似卷. 桂林：漓江出版社，2004：259.

后平反。

1. 参与"西南剧展"

1944 年 2 月上旬，经田汉介绍，秦似到四维平剧团，为那里的工作人员上文化课。

1944 年春，西南各省的戏剧团体在桂林举办了"西南第一届戏剧展览会"，后被称为"西南剧展"。它是在欧阳予倩、田汉的领导下，以广西艺术馆和新中国剧社为骨干，联合西南地区的众多戏剧团体举办的。由欧阳予倩、田汉、丁西林、魏曼青、舒模、吴荻舟、徐洗尘、吕复、赵明、瞿白音、汪巩、冯玉昆、刘斐章等 30 余人组成筹备委员会，推举欧阳予倩为主任委员，聘请夏衍、阳翰笙、洪深、于伶、宋之的、陈白尘、马彦祥、熊佛西、张骏祥、应云卫等数十人担任大会指导。大会的经费主要由各戏剧团体筹集，也竭力争取社会赞助。大会自 1944 年 2 月 15 日开始，到 5 月 19 日结束，历时 3 个月。参加展演的有来自广西、广东、湖南、江西、云南等地的艺术团体 33 个，共计 895 人。在演出期间，大会还组织了田汉、周钢鸣、孟超、秦似、秦牧、华嘉、洪遒、韩北屏、骆宾基、陈迩冬组成的剧评 10 人团，采取集体观摩、集体讨论的方式，及时发表剧评，对演出中带有倾向性的问题展开评论，如对《沉渊》《恋爱与道德》中不良思想倾向及时给予批评，反响甚好，对会演起到了积极的指导作用[①]。

秦似积极参加了剧展日常工作的处理，直至"西南剧展"结束。

2. 创办《广西戏曲》周报，收集整理广西戏曲传统剧目

1951 年 4 月，秦似主持筹办的《广西戏曲》周报创刊。10 月广西桂剧团成立，秦似兼任团长。11 月秦似召开省市戏曲界各团体负责人会议，作组织土改巡回剧团的动员报告。1953 年 1 月，秦似被任命为广西省戏曲改进委员会主任。1954 年 6 月，广西第一次文代会闭幕，秦似当选为广西省文联副主席。1956 年 6 月，秦似兼任省传统剧目鉴定委员会主任委员，前后主持发掘整理传

---

① 田本相，宋宝珍. 中国百年话剧史述 [M]. 沈阳：辽宁教育出版社，2013：300 - 301.

统剧目 500 余出，并主持编纂出版数十册的《广西戏曲传统剧目汇编》。

3. 戏剧创作

1951 年秦似写的京剧剧本《牛郎织女传》，被联系到《武训传》，导致其被批判。1952 年改编的桂剧剧本《秋江》，由桂剧艺术团集体编著，秦似执笔，现存有 1952 年 8 月 4 日广西省戏曲改进委员会的初步审定本，红色油印，封面为牛皮纸。1956 年，《秋江》由广西人民出版社出版发行。

现存秦似创作的剧本结集，有 1996 年广西教育出版社出版的《秦似文集·戏剧》，收入秦似的戏剧作品及戏剧论述。剧作有《西厢记》《秋江》《演火棍》《冼夫人》，剧论有《西南剧展的前前后后》《太平天国》《正确对待桂剧艺术遗产，全面发掘桂剧传统剧目》《50 年代的桂剧》等。

秦似在戏剧创作方面的主要成就有：

①创作京剧剧本《牛郎织女传》。1951 年 8 月 8 日，秦似写的京剧剧本《牛郎织女传》由广西人民京剧团首次演出，连续演出多日。8 月 25 日，秦似在《广西日报》发表题为《关于〈牛郎织女传〉的改编》的文章。8 月下旬，《广西日报》展开对《牛郎织女传》的讨论，刊出的多篇文章对此剧提出非难，认为此剧"从头至尾是一个反科学的封建神话故事"，并歪曲了劳动人民的形象，因为剧中把牛郎的嫂子写成了思想落后、虐待牛郎的人，而没有"把牛嫂换成一个地主"，同时该报及《广西戏曲》亦刊载广西人民京剧团及署名殷璧、立羽等的多篇反批评文章，充分肯定《牛郎织女传》这个剧本[①]。

②改编桂剧剧本《秋江》《西厢记》。改编的桂剧《西厢记》于 1953 年 3 月 11 日由广西桂剧团首次演出。据《广西日报》当年 8 月 26 日载《全国会演对桂剧艺术团的影响》一文称，《西厢记》"连续演出数十场，到现在几乎每场还是满座"。该报同年 6 月 9 日刊载的评论文章《桂剧〈西厢记〉的现实主义精神》，对该剧评价甚高。

1954 年 2 月 7 日，改编的桂剧《秋江》由广西桂剧团首次演出，连续上演

---

① 杨东甫. 秦似年谱［M］. 桂林：广西师范大学出版社，1988：33.

20 余日。2 月 17 日《广西日报》刊载评论文章《评新编桂剧〈秋江〉》，对该剧进行了充分的肯定。

③创作粤剧剧本《小二黑结婚》。1951 年 11 月，秦似以评剧同名剧本为脚本改编的粤剧《小二黑结婚》完稿，省土改委员会将此剧定为省土改巡回剧团的固定剧目。1958 年 2 月，秦似改编的粤剧《小二黑结婚》由广西人民出版社出版。

④润色桂剧剧本《拾玉镯》。1952 年 10 月，广西桂剧团赴京参加全国第一次戏曲观摩演出大会，节目《拾玉镯》获得二等奖，一些演员获得个人奖。

⑤指导学生进行话剧创作。1966 年 6 月，秦似带领广西师范学院（今广西师范大学）中文系毕业班的 4 名学生前往灵川县体验生活，指导学生创作了名为《山花烂漫》的话剧剧本①。

⑥创作电影电视剧本《沈括》《玉观音》。1983 年，秦似完成电影剧本《沈括》，珠江电影制片厂已拟拍制，后因服装费过高等原因暂缓，终至搁置。1984 年，秦似完成电视剧剧本《玉观音》。

⑦创作京剧剧本《冼夫人》。1982 年，秦似完成京剧剧本《冼夫人》。《冼夫人》的创编，钩稽史料，融汇古今，为桂剧剧目增强时代信息开拓了新的领地，是桂剧艺术的瑰宝。

冼夫人又称冼太夫人，中国古代杰出的政治家和军事家，被奉为"圣母"。史籍载其生于南北朝时期，其家族世为高凉郡南越族首领。"南越"为壮族古称之一，故有学者认为冼夫人为壮族人。冼夫人生于梁武帝时，及长，与高凉太守冯宝结婚，佐冯宝平息广东地区汉越冲突，增进民族和解，并招引海南岛各族部落归附梁朝。侯景之乱时，冼夫人率兵击破高州刺史李迁仕，并与都督长城侯陈霸先联合，平定广东叛乱。陈朝建立后，冼夫人即率众归附陈朝。后隋文帝出兵南下灭陈，岭南未附。晋王杨广命陈后主致书冼夫人，使其归隋。冼夫人始知陈亡，乃派人迎隋师入广州，广西各地亦闻风归附。从此岭南地区

---

① 杨东甫. 秦似年谱［M］. 桂林：广西师范大学出版社，1988：59.

全部归隋朝。冼夫人一生身历三朝，顺应人民的要求和愿望，致力于维护国家统一和民族团结，她和她的子孙们相继为岭南地区持续百年的相对稳定，促进广东南部地区社会和经济发展，作出了杰出的贡献，是爱国主义的典范。

秦似创作的剧本《冼夫人》中，冼夫人名云英，为俚人（也称僚人）。剧本共六场，第一场《出猎相会》，写冼云英与冯宝一见钟情，打破当时僚汉不通婚的习俗，与冯宝成婚；第二场《进谏议婚》；第三场《赏菊判案》，写冼夫人用铜鼓行军布阵；第四场《论兵决策》；第五场《平叛会先》；第六场《祭夫责子》。

4. 戏剧理论

1949 年 5、6 月，秦似在香港《文汇报》发表论文《粤剧改革的方向和几个实际问题》，文章分为三期发表。1954 年 9 月 5 日，秦似出席广西省首届戏剧观摩会演开幕式，致开幕词。会演期间，向大会作题为《戏曲艺术改革的基本问题》的报告及总结报告。

秦似在抗日战争时期，曾追随田汉、欧阳予倩从事进步的戏剧活动，是"西南剧展"负责剧评工作的"十人评议团"的成员，对中国戏剧的发展进行过有益的探索。中华人民共和国成立后，秦似曾主持过广西的戏剧改革工作，对广西地方戏剧特别是桂剧剧目的整理、桂剧艺术的发展多有建树，是继欧阳予倩之后对桂剧艺术作出重大贡献的戏剧家。

秦似与桂林之缘及其
向桂林图书馆赠书概况

——兼谈秦似研究现状

钟　琼　林艳红[①]

　　秦似，原名王缉和，广西博白人。著名语言文字学家王力之子，其亦以文学写作、语言学研究著称。中华人民共和国成立后，秦似历任广西戏曲改革委员会主任，广西文联副主席，广西文化局副局长，中国语言学会理事，中国文联委员，广西语文学会会长，广西第四、五局政协副主席。秦似著有杂文集《感觉的音响》《时恋集》《秦似杂文集》等，韵书《现代诗韵》，文学评论集《两间居诗词丛话》，语言文字学著作《汉语词族研究》，翻译小说《人鼠之间》及剧本等。

　　秦似是中国现代文学史上重要的杂文家、翻译家和语言学家，抗战时期他主编的杂文刊物《野草》影响一时，刊发了一批好文章。秦似一生与桂林结缘，

　　① 钟琼：广西桂林图书馆馆长，研究馆员。林艳红：广西桂林图书馆历史文献部主任，副研究馆员。

文学创作起步于桂林，其藏书由子女捐赠给桂林图书馆。为纪念秦似先生百年诞辰，我们撰文记录他跟桂林的文化渊源，介绍他的藏书赠送到桂林图书馆的情况和有关秦似研究的概况。

一、秦似与桂林的文化情缘

秦似的一生与桂林有着不解之缘。他的桂林之缘开始于抗战时期。

秦似 17 岁时便在《玉林民国日报》上发表散文，之后又陆续发表了诗歌、散文若干。20 岁时即遥领香港《循环日报》副刊《文艺周刊》编辑之职。1940 年，秦似应夏衍之邀前往桂林，在《救亡日报》《力报》上发表了多篇杂文、随笔，开始从事抗日文艺工作。同年，他与夏衍、聂绀弩、宋云彬、孟超一起创办了在抗战文学史和现代杂文史上占有重要地位的杂文刊物《野草》，并负责编辑部的日常工作。《野草》后期，他担任主编。

在桂林期间，他的杂文集《感觉的音响》《时恋集》分别由桂林文献出版社、桂林春草书店出版，翻译、散文、诗歌等创作也没有停止。

同时他亦积极参加各种社会活动。1941 年 12 月，秦似出席中华全国文艺界抗敌协会桂林分会第二届会员大会。1942 年 4 月，秦似出席文协桂林分会召集的保护作家合法权益会议。1942 年 12 月，秦似出席中华全国文艺界抗敌协会桂林分会第四届会员大会。1943 年 11 月，秦似出席"战后中国文艺展望"座谈会，12 月出席第二次"战后中国文艺展望"座谈会。1944 年 6 月，秦似任广西省文化界抗战工作协会秘书。

由于《野草》过于进步，受到国民党政府的迫害，在出版到第 5 卷第 5 期后，1943 年 6 月该刊即遭停刊。迫于生计，秦似到桂林良丰的道慈中学任教。1944 年到四维平剧团上文化课。

1944 年田汉、欧阳予倩等人组织了"西南第一届戏剧展览会"。秦似亦加入到了这一活动中，成为"西南剧展"负责剧评工作的"十人评议团"成员之一。

1944 年 9 月，桂林紧急疏散，秦似被迫携夫人离开桂林，结束了抗战时期他在桂林的抗日文化活动。

中华人民共和国成立后，他先在广西文化局戏曲改革委员会任主任，负责戏剧改革工作。1959 年 8 月，他调到广西师范学院（今广西师范大学）任中文系副主任，并分在古典文学教研室。从此他开启了与桂林的第二段缘。

不幸的是，在那样一个"左"倾的年代，身处桂林的秦似承受了巨大的压力。1960 年文艺界兴起了整风、"反右倾"运动，秦似成了广西文艺界唯一被批判的"靶子"。《广西日报》多次刊发批判秦似的文章。1966 年开始的"文化大革命"亦将矛头指向他。

但即便是身处那样的境况，他的创作热情仍未被浇灭。他在《广西文艺》等期刊，《光明日报》《桂林日报》《广西日报》《南宁晚报》等报纸上发表了大量的随笔、杂文、散文、评论、诗歌等作品。

同时他也积极参加各种社会活动。如 1962 年，他参加桂林市文艺界、广西师范学院中文系举行的杜甫诞生 1250 周年纪念活动，全国少数民族文学史座谈会，广西文联纪念《在延安文艺座谈会上的讲话》发表 20 周年座谈会；1964 年 9 月，他与广西师范学院部分员工同赴兴安县参加"四清"运动。

1973 年 4 月，秦似调任广西大学中文系副主任。

即便是离开了桂林，他亦未将桂林忘却。1979 年 7 月他出席在桂林召开的全国外国文学教学研讨会，1980 年 12 月他向桂林博物馆"桂林文化城陈列馆"捐赠了有关史料①，1984 年他参加在桂林举办的广西语文学会暑期语文讲习会、中国音韵学研究会学术讨论会等。

秦似一生所撰文章有不少与桂林有关，略记如下：

1961 年 7 月在《广西文艺》发表七古《桂林颂》。

1962 年 1 月 6 日在《光明日报》发表散文《碧水青峰九十里》。

1962 年 2 月 3 日在《桂林日报》发表散文《桂林新洞记》。

1962 年 8 月作词《菩萨蛮·与秋耘游阳朔》。

---

① 杨东甫. 秦似年谱［M］. 桂林：广西师范大学出版社，1988：73.

1963 年 6 月 9 日在《桂林日报》发表《满江红·和郭老韵》（后《两间居诗词》改题名为《满江红·和郭沫若同志游桂林七星岩原韵》）。

1964 年 1 月 10 日在《桂林日报》发表杂文《桂林雪》。

1964 年 3 月 27 日在《桂林日报》发表杂文《万亩绿了，桂林长青》。

1973 年 3 月作《漓江阳朔风景导游词》。

1979 年 7 月作《五十一院校外国文学专家共集桂林惜别之夕口占十四韵以志盛况》。

1979 年 8 月 24 日在《桂林日报》发表七律《再游雁山植物园》。

1979 年 9 月 9 日在《桂林日报》发表《桂林秋》。

1980 年 1 月在《漓江文艺》发表《遥遥瑞士桂林间》。

1980 年 2 月作散文《桂林山水足雄奇》《漓江漫记》。

1984 年 8 月在《桂林日报》发表七绝《灵渠》《游漓江望奇峰镇二首》和五古《隐山》。

1986 年 7 月 10 日秦似离开了人世，但他与桂林的情缘并未结束，而是由他的后人延续。他的藏书，90％由其女儿赠送给广西桂林图书馆。秦似与桂林的情缘永续。

二、秦似赠书概况

（一）三次赠书

秦似的女儿王小莘将秦似藏书的 90％ 捐赠给广西桂林图书馆。她在写给桂林图书馆的信中说道："我们对桂林图书馆一贯怀有好感，对桂林这个我父母生活战斗过多年的地方难以忘怀，所以当时在诸多选择中选取贵馆作为赠书单位。""作为为人类文化事业作一定贡献，代为表达先父对桂林人民的一片深情。"

秦似的女儿王小莘及家人先后三次向桂林图书馆捐赠了秦似的藏书。第一次是在 20 世纪 90 年代。第二次是 2001 年 8 月 10 日，秦似先生遗孀陈翰新及女儿王小莘、外孙女吴今兴及外曾孙女一同到桂林图书馆举行捐赠仪式。在捐

赠仪式上，她们将秦似遗藏的 1179 册图书捐赠给桂林图书馆。第三次是在
2014 年，遵照王小莘的遗嘱，秦似女婿、王小莘丈夫吴智棠及其女儿、儿子又
将王小莘所藏大部分图书、秦似部分藏书捐赠给桂林图书馆收藏。作为此次捐
赠的补充，2016 年吴智棠再次将秦似的手稿、信札、印章、字画等捐赠给桂林
图书馆。作为受赠单位，桂林图书馆及时将受赠的文献进行编目、整理、入
藏，为后人开展秦似的研究提供更多资料。

（二）赠书类别及价值

桂林图书馆所获赠的秦似藏书多钤有"秦似藏书"印章。这批书大致有以
下类别：

1. 秦似著作。有《感觉的音响》《时恋集》《秦似杂文集》《现代诗韵》《两
间居诗词丛话》《汉语词族研究》《秦似文集》和翻译小说《人鼠之间》等。

2. 语言学古籍。有《音韵阐微》《刘氏切韵指掌》《杜诗双声叠韵谱括》
《群经音辨》《词律》《段氏说文注订》等近三十种。这些赠书对了解秦似的语
言学研究、音韵学研究非常重要，不少书上还有秦似的批注。从这些批注中，
我们可以窥探出秦似在语言学、音韵学方面研究的思考。

3. 手稿。赠书的一个重要部分就是秦似的手稿。我们在获赠书稿中发现了
《现代诗韵》一书的修改稿。若将此书的手稿本与原书进行比对，或许可以找
出当年秦似在撰写此书时的思路等。其他方面的手稿，如《从广西看普通话的
推广问题》《中国小说史专题教学提纲初稿》《语文工具书的使用》《如何加强
语文专业的基本功训练》等，都是今后研究秦似学术成就的重要资料。

4. 信札。桂林图书馆收到的秦似赠书有一部分为往来信札。在这部分信札
中，秦似致信主要以复印稿件为主。这些均为秦似去世后，其家人为收集秦似
的相关资料通过各种方式获取的。信札中另一部分为友人给秦似及其家人的去
信。当然，其中有不少为秦似去世后其家人所收到的吊唁信。通过这个部分的
资料整理，秦似的学术思想及人格魅力将会更清晰地展现在我们的眼前。

三、秦似研究概况及桂林图书馆藏秦似著述

（一）秦似著述概况

秦似先生一生笔耕不辍，即便在最艰难的岁月里亦从未停止。在他有生之年，先后出版的杂文集有《感觉的音响》（1941 年）、《时恋集》（1943 年）、《在岗位上》（1948 年）、《没羽集》（1958 年）、《现代诗韵》（1975 年）、《秦似杂文集》（1981 年），译著有《饥民们的橡树》（1942 年）、《人鼠之间》（1942 年）、《少女与死神》（1944 年），传记有《巴士特》（1949 年）、《居里夫人》（1950 年）、《白氏传》（1951 年）、《童年的记忆》（1982 年），以及诗论《两间居诗词丛话》（1985 年）。

他创作的短篇小说有《山间漫笔》（1959 年）、《太白岭下》（1960 年）、《补牙记》（1980 年）、《十日匡庐》（1981 年）、《五毛钱一铺》（1982 年）、《忆金枝叶》（1983 年），剧本有《牛郎织女传》（京剧，1951 年）、《小二黑结婚》（粤剧，1953 年）、《西厢记》（桂剧，1953 年）、《秋江》（桂剧，1954 年）、《冼夫人》（桂剧，1979 年）、《玉观音》（电影，1984 年）等。

秦似先生闻名于世的首推其杂文，但其在中年时，转而投身到了语言学的研究。1963 年至 1964 年，他赴北京大学，在其父王力的指导下研究汉语音韵学。从 1973 年开始，他着手写作构思已久的《现代诗韵》。两年后，此书由广西人民出版社正式出版，在 8 年间重印了 5 次。美国汉学家 T. 赖特评价此书"是从 1966 年至 1975 年间，中国出版的有关语音史方面寥寥无几的研究成果之"，"是一本代表了《切韵》光辉传统的最新韵书"。事实上，这也是他对父亲王力语言学研究的承继。此后他又陆续撰写了《论用韵》《谈异读》《论代物词》《从辞章之学谈起》《汉语词族研究》等一系列语言学文章。

在秦似先生去世后，他的家人及学生共同整理了他一生的著述，在 1992 年到 1996 年间先后由广西教育出版社出版了《秦似文集》五卷。此文集收录了秦似的杂文、散文、诗词、诗论、学术论著、戏剧，从中可以一窥秦似先生一生的著述全貌。

此外，湖南文艺出版社还出版了《当代杂文选粹（第二辑）：秦似卷》

（1987 年）、漓江出版社出版了《广西当代作家丛书：秦似卷》（2004 年）、吉林出版集团有限公司出版了《秦似集》（2014 年）。

（二）秦似研究概况

关于秦似的研究主要集中在对其生平和杂文创作方面。

秦似坎坷的一生中，经历了许多磨难，他却仍然以积极的心态面对人生，赢得了大家的尊重。在他去世后，人们纷纷著书、撰写文章缅怀这位平凡而又不平凡的文学家、语言学家。这些文章中，有当年与他一同并肩宣传抗日的战友、文化界名家所写，如林默涵的《忆秦似》、端木蕻良的《忆秦似》、骆宾基的《又是一年春草绿——忆秦似怀绀弩》、夏衍的《悼秦似——〈秦似纪念文集〉代序》、秦牧的《怀念秦似》、冯英子的《哭秦似》；有他的学生写的，如梁超然的《缅怀我的老师秦似》、杨东甫的《秦似传略》《秦似年谱》《〈野草〉时代的秦似》、张漾的《怀念我的教师秦似先生》、李建平的《忆秦似老师》；有其他学者写的，如魏华龄的《1945：有关秦似的一段似奇故事》、杨益群的《"未死"的杂文大家秦似》、《秦似年谱》（抗战时期部分）、彭会资的《回忆秦似先生》；也有他的家人写的，如王小莘、吴智棠的《疾风劲草——秦似传》。

秦似的杂文是人们研究的一个重点。有从总体来研究的，如道生的《杂谈秦似的杂文》、黄春芳的《秦似的杂文》；有分时期来研究的，如吴立德的《论秦似抗战时期的杂文》、陈焕新的《简论抗战时期的秦似杂文》、林志仪的《秦似抗战时期反法西斯的战斗杂文》、李建平的《秦似杂文的思想艺术特色——评〈秦似杂文集〉》；有从其杂文的撰写艺术手法来研究的，如马树春的《论秦似杂文的情感内涵及其表达艺术》《略论秦似杂文的美学风貌》《秦似杂文的艺术辩证法》《秦似杂文讽刺手法论略》、龙燕平的《秦似杂文艺术特色初探》。有探究《野草》杂志的，如王小莘的《中国现代首份杂文专刊〈野草〉的创办》、李建平的《秦似与杂文刊物〈野草〉》、刘铁群和张健的《〈野草〉杂志定位探析》。

还有研究其治学、成就的，如彭会资的《秦似的治学、创新及其著术价值论》、赖翅萍的《秦似的语言表现理论：做与不做之间——兼论秦似文论对中国当代文论建设的启示》、顾绍柏《广西才子秦似及其代表性著作》；有研究其散文的，如林建华的《秦似——一个具备学者素质和平民意识的散文家》、彭林祥的《学者的副业与革命者的事业——王了一和秦似 1940 年代散文创作比较论》；有研究其诗词的，如张葆全的《清新脱俗　异彩纷呈——读秦似〈两间居诗词丛话〉》。

关于秦似非生平、杂文的研究还有一小部分文章，但从总体上说，对秦似的学术研究还是不够的。

（三）桂林图书馆藏秦似著述

桂林图书馆较为系统、全面地收藏了秦似先生的著述及手稿，其中包括秦似先生赠书，和桂林抗战时期刊登有秦似先生撰写的各类文章的期刊、报纸等，以及后来出版的《广西当代作家丛书：秦似卷》《秦似年谱》《秦似杂文集》《秦似文集》《回忆秦似同志》等书。近年来，随着文献资源的数字化发展，桂林图书馆买有秦似先生著述的相关数据库，以满足读者的不同需求。

综上所述，有关秦似学术研究的课题所开展的广度和深度有待我们后学继续拓展，将研究提高到一个更高的层次上来。

翻译家秦似

陈　巍①

一、秦似的翻译活动

秦似先生一生留下了丰富的文学作品，然而他的翻译成就常常湮没在他影响深远的文学创作及学术成果之下，其翻译成就值得我们再次发现。

抗日战争时期的桂林文化名人云集，抗日文化运动空前高涨，有1000多位文艺家先后来到桂林，单报纸就有10来种，各种文艺刊物有近200种，桂林被誉为"文化城"。当时翻译文学的刊载以及国外文学的介绍，构成民国翻译文学史上不应被忽略的一面②。例如《文化杂志》《明日文艺》《新文学》等期刊出版翻译专刊，刊出各种译文。

在救亡图存的时代背景下，翻译外国文学，尤其是翻译被侵略和被压迫民族的文学作品，是许多译者的选择。秦似以杂文投稿《救亡日报》初露头角，"1940年5月他在《救亡日报》上发表了第一批译文——《吟诵列宁的苏联民谣》，之后陆续在《野草》

①　陈巍：宁波大学外国语学院德语系教师。
②　赵献涛. 民国文化研究. 翻译学、手稿学、鲁迅学［M］. 北京：中国广播影视出版社，2015：63.

《中学生》《青年生活》《戏剧春秋》《文化杂志》《文艺生活》《半月文艺》《文艺新哨》《广西日报》《艺丛》《文学创作》等刊物上发表译作数十篇，多署名秦似或者茹雯。"①

秦似在进入桂林文化城后，马上向夏衍建议"办一个活泼、专刊短文的杂文杂志"，随后立即得到夏衍等人的赞同和支持。1940 年 8 月 20 日，《野草》创刊号问世，编委有夏衍、聂绀弩、宋云彬、孟超、秦似。秦似负责编辑部日常工作。这份刊物除了刊发文学家原创性的文章，也刊发译文。

秦似除了为各家刊物翻译文章，1942 年，他还专门与外文功底不浅的孟昌、庄寿慈等人创办和编辑《文学译报》，开始集中译介外国文学作品。这份刊物成为抗战时期桂林出版的一份重要的翻译外国文学的刊物。

秦似的英语只有大学一年级水平，在参加广西第一届初中会考时英语还不及格。以这种外文水平想翻译外国文学作品，可谓难上加难。再加上抗战时期，各种外国书刊、参考资料十分难搞到，这也为他翻译外国文学作品平添了难度。

在当时的艰苦条件下，秦似日夜奋战，边学边译，凭借自己良好的中文功底，勤查字典，翻译了几十万字的作品。

在这段时期，他翻译了美国作家斯坦倍克的长篇小说《人鼠之间》和苏联诗人高尔基的长诗《少女和死神》，这两部作品后来成为他的翻译代表作。

在抗日战争年代，秦似除了翻译文学作品外，还翻译了不少政论文章，例如波鲁丁《列宁与社会主义革命》（载《中苏文化》，1941 年第 8 期）《印共对印局的看法》（载《自由丛刊》，1947 年 3 期）等。他翻译的 Rashkin 的诗歌《高等四足兽》发表在 1942 年 5 月的《野草》月刊，具有强烈的现实讽刺意义。

在《文学译报》创刊号上，由秦似等人撰写的《创刊的几句话》，反映了秦似继承外国文学翻译传统以及他所持的契合时代需求的翻译观。这份创刊词

---

① 王小莘，吴智棠. 疾风劲草——秦似传［M］. 桂林：广西师范大学出版社，2010：65.

在回顾了文艺翻译的历史之后，写道：

> 我们仅有一点计划，在内容方面，（一）不是笼统的不拘形式，一律欢迎，我们希望着重于现代写实作品的介绍，古典和浪漫作品是次要。（二）每期以一个作家为中心，有几篇集中的文章。（三）我们以为在中国愈不为读者熟悉的作家，就愈需要介绍，只要他有一得之长，值得读的作品①。

可见秦似在主办翻译杂志上的目光深远，在选取翻译素材上独具慧眼，善于发现和介绍不为人知，却有现实意义的作家的作品。例如在《文学译报》第一期他就着重选取了几位重要的作家介绍。除了刊出秦似翻译的美国作家斯坦贝克的《人鼠之间》作品，还刊出了孟昌译的《斯坦贝克及其〈人鼠之间〉》，茹雯（秦似另一个笔名）译的《斯坦贝克论》。

关于翻译策略，秦似认为：

> 我们对于技巧的态度，以为"滥译"的损害译品，不比"滥造"的损害译品浅。因此我们虽不致夸靠得住，却不能不以细心自勉。翻译批评远落后于翻译工作，是大大值得留意的。要提高就要批评，但这恐怕是在我们的能力之外的罢②。

在这篇关于文艺翻译的标准、手段和批评的创刊词发表之后，这本新创刊的翻译刊物便分两期连载了斯坦倍克名作《人鼠之间》，此外这份刊物上还刊发了他翻译的苏联作家 N. 铁霍诺夫《郁葛姨》（载《文学译报》，1943 年）。

秦似的译作内容非常丰富，先后介绍与翻译了罗曼·罗兰、列夫·托尔斯泰、莎士比亚、高尔基、法捷耶夫、莱蒙托夫、肖洛霍夫、斯坦倍克、安徒

---

①② 秦似. 创刊的几句话 [J]. 文学译报，1942 (1).

生、爱伦堡、左拉、马雅可夫斯基等著名作家的作品。

这些作品主要包括《核桃》《世界作家高尔基》《流亡的信》《梦》《关于拯救人类》《战争时节的收获》《托尔斯泰的历史意义》《莎士比亚戏剧在苏联舞台》《德国作家新作》等。

下面以秦似译《人鼠之间》和《少女与死神》为例，分析秦似翻译的小说和诗歌的特点以及对我国外国文学翻译的贡献。

二、秦似译《人鼠之间》述评

《人鼠之间》是秦似的代表译作，最初在《文学译报》上连载，1943 年桂林的远方书店出版了单行本，1946 年新知书店印发了单行本，1949 年之后多次再版。秦似对待译作的态度是非常认真、谨慎的，例如《人鼠之间》的作者在小说中采用了加州雇工的口语，所以阅读与翻译起来有很大难度，这本书从初版到再版，他不是特别满意，多年后他再次重译。

1981 年，秦似在漓江出版社出版的新版《人鼠之间》的后记中写道：

> 我早年的译本虽然也请从美国回来的同志校看过，但仍有若干译得粗疏或失当的地方。我原盼望有更好的译本出现，但一直没有。为了对原作和对读者负责，我决意重译一遍。到了一九七九年，这一愿望终于得到了实现。更难得的是，当我重译的工作将告竣时，美国纽约市立大学 J. 韦思罗副教授和纽约语言促进会 R. 布兰克两位先生来中国讲学，使我得到了向他们请教的机会。经过他们的帮助，重译本改正了初译本的多处纰缪，使这一部当代美国文学名著终于得以在新的历史时期里介绍给中国读者，实在是一件幸事①。

---

① 斯坦倍克. 人鼠之间［M］. 秦似，译. 桂林：漓江出版社，1981：142.

例如他 1942 年最初刊登的《人鼠之间》的开头译文如下：

> 穿过许多柳树，在槭林中，有一条小路，这条路是被那些打农场出来，到这深水潭游泳的野孩子们踩熟了的，除此之外，也被那些晚上从公路很疲惫地走下来，靠水胡乱睡一夜的过路汉子，踩得很熟。大槭树一腿贴地的树枝前面，有一堆多次烧火积成的灰堆，这一腿树枝，因为人们常常坐在上面的原（缘）故，被磨得光滑了①。

1981 年漓江出版社的重译本作了相应的调整：

> 穿过许多柳树，在槭林中，有一条小路，这小路被那些从附近各个农场跑到这深潭来游水的孩子们踩得很熟，除此之外，把它踩熟了的，还有那些黄昏时分从公路上很疲惫地走下来，靠水边胡乱睡一夜的流浪汉。大槭树一腿贴地的横枝前面，有一堆多次烧积成的灰堆，这一腿树枝，被人们坐得已是滑溜溜的了②。

对比这两个相差近 40 年的译本，可见秦似的重译本字数更少，表达更为准确。这也印证了秦似这位老翻译家对待文学翻译的严肃审慎的态度，非常值得年轻译者学习借鉴。

三、《少女与死神》

秦似另外一部重要译作是翻译苏联诗人的诗歌合集《少女与死神》，其中包括莱蒙托夫、高尔基、拜依里、亚琪玛杜娃、顾密里夫、铁霍诺夫、彼里萨、雷霍斯基等人的诗歌。

---

① 斯坦倍克. 人鼠之间 [J]. 秦似，译. 文学译报. 1942（1）.
② 斯坦倍克. 人鼠之间 [M]. 秦似，译. 桂林：漓江出版社，1981：1-2.

在这本译诗集中，莱蒙托夫和高尔基的叙事诗是分量最重的作品。

秦似虽然只是翻译英文作品，但是他非常注重翻译所依据的英译本，秦似在该书《后记》记述如下：

> 《姆采里》是莱蒙托夫在被流放于高加索那些颠沛日子中所孕育的伟大诗篇，在苏联已译成九种文字。我系根据 L. C. Rosenberg 和 Leon Talmy 二氏英译转译的。托孟昌兄据俄文查核，知英译略有错误及脱漏的地方，且还故意添加字句，使之完全适合英语诗习惯。除校正一两处重要错漏外，仍照其译出[①]。

而该书收入的高尔基的《少女与死》最初发表在 1941 年第 6 期的《中苏文化》期刊上，单行本译诗将标题改为《少女与死神》。秦似的译者主体性在这本译诗集中得到了充分体现，他试图通过译介高尔基的这首叙事诗，向国内读者介绍高尔基不但是一位小说家，还是一位了不起的诗人。

这首被斯大林赞道："在战胜死这主题上，这首诗是强过歌德的《浮士德》的。"秦似的译诗如下：

> 有一次从挫败的战役回归，
> 带领着残余的部属通过村落，
> 沙皇，怀着忿（愤）怒而沉重的心驱策乘骑，
> 听见丛林后面一个少女的窃笑。
> 恐惧使他棕红的眉毛翘起像刺芒，
> 不断地用靴铮踢着马腹，
> 而后面，暴响着他随从们雷霆般的呼叫。

---

① 高尔基，莱蒙托夫，拜伦里，等. 少女与死神［M］. 秦似，译. 上海：上海杂志公司，1949：93.

盖过铠甲的铛琅声他嘶哑地

和唾沫一道向少女喷出粗鄙恶毒的言语。

"小娃子！在装鬼脸？笑的什么，嘿，贱人！

我，我那退却的敌人已经得到补充，

在战场上杀死了我勇敢的部属。

我的队伍一半被套上了俘虏的绳索，

我归还为的是寻求更多的战士。

我是你的沙皇，而在我陷于不幸的此刻

我听见你格格地喃你的谷仓场小调！"①

……

秦似扎实的中文功底，充分表现了这首叙事诗的韵律与气势，极为难能可贵。

四、结语

秦似从抗日战争时期开始翻译各类外国文学作品，对中国翻译事业作出了巨大的贡献。正如高旅先生所说，关于翻译，秦似是有一套理论的，基本上从鲁迅翁，我引为同调。秦似说："翻译工作是什么？就是认认真真依靠字典翻过来，这是一，其二是翻译者必须具有广博的知识，有许多不易翻的，就靠译者以这个基础取贯通。"②

秦似的翻译思想，表现在他对翻译素材独具慧眼的选取，在他对翻译过程中咬文嚼字的用心，在他对译文效果的影响与传播。秦似一生的翻译及其成果，充分体现了他从大量的翻译实践出发，实事求是地解决翻译问题，从而在中国现代翻译史上留下了难以磨灭的印记。

① 高尔基，莱蒙托夫，拜依里，等. 少女与死神［M］. 秦似，译. 上海：上海杂志公司，1949：58-59.

② 王小莘，吴智棠. 疾风劲草——秦似传［M］. 桂林：广西师范大学出版社，2010：68.

文献捐赠、征集与文化传承关系的思考

——由秦似家族藏书捐赠桂林图书馆谈起

曹　旻　王银波①

秦似家族藏书捐赠桂林图书馆，源自秦似与桂林这座城市的深厚情谊，也得益于秦似及其家人与桂林图书馆之间长期以来保持的良好关系。整个捐赠分多个批次，持续时间长，捐赠数量丰富，对于丰富桂林图书馆藏书以及便于读者阅读、研究大有裨益。而其中体现的文献捐赠、征集与文化传承之间的关系耐人寻味，值得深入探讨一番。

一、文化典籍传承标志着一国一民族的文化传承

文献与典籍尽管在初生之时有部分差异，但至汉代以后，其意义基本合流了，即指记录典章制度和社会生活的书籍和文章等。文献典籍于一国一民族的意

---

① 曹旻：广西桂林图书馆副馆长，研究馆员。王银波：广西桂林图书馆历史文献部馆员。

义，郑鹤声、郑鹤春先生在论中国文献渊源及价值中，开宗明义地说："典籍者，思想之结晶，学术所由寄也。所以考制度，稽意识，文化之积业，政道所由系。"① 李致忠等说："典籍仅仅依靠辞义的诠释自然是远远不足的。要揭示典籍的实质，还必须深入探讨我国古代文献中，典籍这一文化载体的具体构成；认识历史文化发展长河中，典籍这一文化产品所具备的特征。"②

夏、商、周时，典籍是与宗庙相伴而生，也与朝代或诸侯国兴衰相始终。孔子倡导儒学，重要举措便是编纂五经。汉代学术传承注重师道传承并竞争不已，重要原因便是典籍传承及对典籍解读不同造成的。中国诸子百家的传承及其与治世的关系，基本上与诸子书传承及对相关典籍解读一致，传承典籍的佚失或隐藏，也意味着其学术传承的湮灭或隐藏。无论西方的文艺复兴还是中国西学东渐下的新文化兴起，都是以相关文献典籍的传承及解读为基础而产生的。

一方面，文献典籍发展是随着体力与脑力劳动的分工发展而变化，它与国家命运紧密相连，揭示了一国典章制度之所在，其重要意义不言而喻，因此历史上，文献典籍长期以不同形式积聚于国家和统治阶级手中。另一方面，文献典籍是随着生产力和社会文化的发展而不断发展，如随着生产技术的发展，其载体经历了甲骨、金石、竹帛、纸张等的变化，其呈现方式也经历了刻、铸、写、印等的变化。文献典籍生之庄重，存之维艰，始终是社会文明的记录者，更是后代传承发展前代文化的重要载体，因此，文献典籍对于一国一族乃至人类文明的传承来说是十分重要的。《隋书·经籍志》指出："夫经籍也者，机神之妙旨，圣哲之能事。所以经天地、纬阴阳、正纪纲、弘道德，显仁足以利物，藏用足以独善。学之者，将列焉；不学者，将落焉。"

---

① 郑鹤声，郑鹤春. 中国文献学概要［M］. 上海：上海书店，1983：1.
② 李致忠，周少川，张木早. 中国典籍史［M］. 上海：上海人民出版社，2004：8.

二、文献捐赠、征集是文献积聚和传承的重要手段

郑鹤声、郑鹤春先生讲到中国文献在中国文化中的地位时，指出文献的形态有结集、审订、讲习、翻译、编纂、刻印等，它们共同展现了文献产生、发展、传习对于中国文化的记录和促进作用。由于文献对国家政治、经济、军事、文化等有重要作用，因此在生产力足够发展使文献快速流通充分分享之前，文献的产生、流通、保存等在一定程度上取决于国家的集体行为。

从中国文献史可以看出，由政府出面积聚、整理文献是一种刻在民族基因中的传统。一朝之始，一方面收集前朝典籍，自汉萧何入咸阳先取秦朝典籍文书开始，以后历朝历代都很注重收集前朝遗留文献，入专库典藏，限定专门的高知识水平的人群阅读；另一方面，由政府赏赐财帛、官职等，鼓励民间献书。及至兴盛，编纂大型文献成为统治者彰显治化、巩固统治的重要手段，调集一代大师，由高官领衔，自汉代统一经书、比部七略，经宋代编纂大型类书，再到明清时《永乐大典》《四库全书》等大部典籍的编纂，都标志着一个封建王朝的文治昌盛。王朝衰落，管理人员与制度懈怠，典籍流散成为王朝没落生动而悲凉的注解，也为下一王朝典籍再次积聚埋下伏笔。中华民族的传统文化随着典籍的积聚与散失，不仅不绝，而且在一次次沉淀之后，终于形成今天独特的格局。梁启超感叹道："四千余年之历史未尝一中断者，谁乎？我中华也……我中华有三十世纪前传来之古书，世界莫能及……深山大泽而龙蛇生焉，取精多用物宏而魂魄强焉。此至美之国，至伟大之国民，其学术思想所磅礴郁积，又岂彼崎岖山谷中之犷族、生息弹丸上之岛夷，所能梦见者！"①

收取前朝遗书，可以说是古代版的"武力征集"：以利相诱民间献书，以此形成古代版的"捐赠"。正是如此的征集与捐赠使文献典籍积聚，加上专职管理、专门库藏、专有范围的阅读人群增加，从而使中国文献典籍规模不断扩大。此外，中国有良好的文献整理、保存与编辑的制度和传统，因此形成了政府内部的"征集"，产生了大批的文书、档案、典章制度、史料、方志、舆图

---

① 梁启超. 新史学（梁启超史学著作精校系列）[M]. 北京：商务印书馆，2014：127 - 128。

等文献典籍。在地方政府方面，中国浓厚修志传统下的志书编纂过程，也是一幅生动的有关地方文献"征集"与"捐赠"过程的画卷。及至明清时期，编辑地方丛书风气兴起之后，有关地方文献的积聚过程又扩散成为以个人或家庭为中心的"征集"与"捐赠"。中国古代藏书家藏书聚散过程在一定程度上形成封闭循环，其获取文献的方式，除了友朋之间馈赠外，批量购入他人藏书可以说是个人层面的"征集"；而藏书家藏书流散过程也是个人层面的"捐赠"，并因此形成中国典籍文献中"流传有序"的重要特征。原因在于，随着生产力的发展，中国统一国家下共同文字的形成，有经济能力接受教育的人群数量逐步增加，整个社会形成崇尚文化知识的风气，再加上书籍制作技术的进步，文献的扩散与量的增加成为必然趋势。各级政府为了更好地了解国情、引导思想舆论，以便达到更好的统治效果，经政府积聚文献扩散、民间文献增加、政府征集和民间捐赠、政府文献再度积聚及整理等，这个过程不断重复，最终形成我们所看到的古典与近代文献的规模。

由此可知，尽管时代不同，捐赠与征集还是文献积聚与传承的重要手段，只是在不同历史阶段、不同层面有着不尽相同的表现形式而已。

三、图书馆在文献捐赠、征集与文化传承中的地位

文献传承包括两个方面：一是时间上的继承，如古代藏书所谓的传承有序；二是空间上的流布，主要依靠抄写、出版等。但两者也是经常相交的，如古代不少藏书机构同时也是书籍编辑出版机构，在近代则是图书馆的产生及发展让文献传承在时间与空间上更显著地融合起来。近代图书馆的产生是适应资产阶级革命平民化、知识化的需求而产生的，这种需求反映在图书馆的诞生就是文献资料的逐步共享，从而实现文献时间上的积聚与空间上的流布。

生产力的发展，文化知识的累积，印制技术的进步，教育的日益被重视等，都促进了文化知识的传播和知识人群的不断扩大，这种过程也是文化与文献共享日益被重视的过程，这从中国古代"学在官府"到书院藏书、个人藏书的逐步发展中也可以看出文献与文化的共享是社会发展的必然趋势。中外图书

馆史的论述中,促进近现代图书馆出现的便是古代藏书的增多和各种藏书机构的发展。

及至近代,中华民族被西方殖民者日益打破独立封闭的状态,学习西方,反省自身,中西思想文化交相融合,近代社会资源共享的理念被接受。因此,启迪民智,兴办学校和社会教育,传播文化,成为潮流。其中,近代图书馆的创立便是这种社会资源共享中的一个重要缩影。作为近代资产阶级思潮结晶的戊戌变法,便是依附于强学会或后续类似追求变革团体的书报阅览机构开展行动和传播成果的,这些机构藏书在启迪民智的追求下有了近代化的管理和更广泛的开放性,并在后来成为正式名为"图书馆"的公共阅览机构藏书的重要来源之一。受此影响,一方面,无论是新学倡导者还是国学坚持者,以及各个出版机构,为拯救中华民族危机、繁荣文化,将中外各类藏书越来越多地捐献到各种公私图书馆;另一方面,各种图书馆主持者竭力增加藏书,征集资料,开放阅览,开办社会教育,欲使图书馆成为民智开启的中心与民族文化保存和前进的先锋,从而使图书馆成为近现代文献积聚中心和文化传承中心。郑鹤春、郑鹤声先生曾痛心疾首地说:"无论何国,对于文献之保存、研讨,必尽其力之所能而优为之。至近日而曾亟,有所谓'文化侵略'之政策,即以典籍为之基本。外国人之研究翻译吾国典籍者,所在多有……大国之图书馆中,莫不充满吾国之典籍……而我国反为书肆居奇,又极少公共之图书馆,为之参考。而国人亦几忘之矣。吾国人不自惜,而外国人为吾惜之矣。"① 在近现代民族危机时期,图书馆通过接受捐赠和自行征集等手段,使得中华民族典籍文献得以保存和传播,成为时代中文化传承的坚固堡垒。

近现代图书馆的一个显著特点是,由于社会分工使得知识日益专业化,因此,由学校、团体等建立的专业图书馆也日益丰富。这类图书馆除日常购备外,主要接受相关专业机构、团体和学者的捐赠。各公共图书馆也因所在地集聚专业学者的不同,在各类专家捐赠下,也形成了各自藏书的不同特色。

---

① 郑鹤声,郑鹤春. 中国文献学概要 [M]. 上海:上海书店,1983:1.

中华人民共和国成立后，通过鼓励和法规等形式，使得各类型图书馆征集和捐赠正常化，并在国民知识文化水平不断提高中获得广泛认同，图书馆主动征集、读者积极捐赠与读者进馆阅览成为图书馆事业繁荣的重要标志。

因此，近现代既是图书馆产生、发展期，也是图书馆作为社会文献积聚与文化传播中坚力量的时期。图书馆对于公共文化共享有促进作用，是除了学校之外最重要的文化传承中心。

四、秦似家族藏书捐赠给桂林图书馆对于文化传承的预期

桂林图书馆在宣统元年（1909 年）建馆以来的经历就生动说明了中国图书馆在文献捐赠、征集与文化传承之间的重要关系。

桂林图书馆初建之时，馆藏图书来源众多，有通过官方渠道调拨、征集而来的各省官书局出版物，如有桂垣书局、榕湖精舍、体用学堂等广西地方书局、学校划拨而来的图书，还有来自上海、广州等地书店、书坊及省内官绅捐赠的图书。这些通过调拨、征集、捐赠而来的图书构成了桂林图书馆建馆之初的藏书主体。

此后，桂林图书馆主动征集与读者主动捐赠成为丰富馆藏的主要途径。更为重要的是，这些征集和捐赠因为有目的、有计划，因此形成不少特色性馆藏。如征集方面，桂林图书馆作为广西两个指定出版物缴存机构之一，一直成为地方出版物收藏主力，该馆员工也有专职及兼职人员进行征集，使得地方文献收藏日益丰富。如在捐赠方面，黄华表藏书使得桂林图书馆的广西古典地方文献收藏稳居自治区内前列，梁羽生等地方作家群的捐赠使得桂林图书馆成为研究广西作家群的重要阵地之一。

其中，最值得称道的是秦似家族对桂林图书馆的捐赠。秦似于抗战桂林文化城时期在桂林养成深厚的文学修养，作出引人瞩目的成绩；1949 年后，又受邀到桂林图书馆对读者作文学创作经验方面的报告；在撰写《沈括》等剧本时，桂林图书馆的馆员为其提供了诸多帮助。因此，秦似对桂林和桂林图书馆有着深厚的感情，并因此影响了其家人。20 世纪末，按秦似先生遗愿，已有千

余册藏书入藏桂林图书馆；2014 年，秦似先生女儿王小莘女士、女婿吴智棠教授、吴今兴女士（王小莘女儿）、吴今盛先生（王小莘儿子）等，慨然捐赠包括王力赠送王小莘、吴智棠夫妇图书、秦似藏书以及王小莘、吴智棠夫妇藏书给桂林图书馆；稍后，又将秦似书信、遗文、相片等相赠。秦似家族学养深厚，于中国现代文化多有建树，其藏书多，来源甚广。因此，秦似家族藏书包括以下成系统的三部分：（1）王力、秦似、王小莘、吴智棠诸先生的著作及研究其人的相关著作；（2）王力、秦似、王小莘据以研究语言学的专业参考书；（3）吴智棠研究党史党建的专业参考书；（4）秦似往来书信、包括手稿在内的各种文稿、影像等。研究秦似家族学术史者、研究语言学者、研究党史党建者，大多可据此查找相关资料。而此类文献对感兴趣的相关读者来说更是珍宝，阅秦似家族藏书，便有如专家开出书目，读者只用埋头阅读，便可大有收获。

秦似家族藏书捐赠给桂林图书馆，及桂林图书馆征集图书的案例，充分说明了文献捐献、征集，特别是专业研究者与图书馆之间的这种互动，对文化传承来说是一个民族文化觉醒并奋力前行的重要标志，是公共文化共享和专业技术发展不可或缺的，是中华民族梦得以实现的重要组成部分，值得多多深入探讨。